DES
RÉVOLUTIONNAIRES
ET DU MINISTÈRE ACTUEL.

PAR M. ***

Uno avulso, non deficit alter.
VIRG., liv. VI, v. 143.

PARIS,

H. NICOLLE, A LA LIBRAIRIE STÉRÉOTYPE,
RUE DE SEINE, N°. 12.

M. DCCC. XV.

DE L'IMPRIMERIE DE A. BELIN,
Rue des Mathurins St.-J., hôtel Cluny.

RÉVOLUTIONNAIRES

ET DU MINISTÈRE ACTUEL.

Louis XVIII est rentré dans sa capitale; le fléau de la France, l'ennemi des nations vient de tomber une seconde fois pour ne plus jamais se relever. Une Providence vengeresse a poussé les ennemis du Roi à se séparer d'eux-mêmes de son peuple, et la plus lâche des trahisons n'a eu, pour les traîtres, d'autre résultat que de les démasquer à tous les yeux et de les désigner aux supplices qu'ils ont mille fois mérités. Ce Roi, l'objet de tant de regrets et de larmes, nous a été ramené par une sainte ligue de tous les Rois; l'Europe civilisée a triomphé du dernier effort des modernes barbares; c'est pour rétablir l'ordre, la justice, la religion, tout ce que les hommes ont de plus sacré qu'elle déclare hautement avoir repris les armes; elle est en quelque sorte toute entière au milieu de nous, comme pour nous aider de sa force et de ses soldats, puisque les

soldats qui devoient faire notre force se sont dé-
clarés en guerre contre nous et contre le genre
humain. *La Révolution va donc enfin finir*,
s'écrie-t-on de toutes parts, cette révolution dont
l'activité ne fut jamais plus terrible, plus dangereuse que pendant la trop courte durée de la
restauration. La France a tressailli de joie; elle
auroit voulu pouvoir voler toute entière au-devant de son Prince et de ses nobles libérateurs;
toutes les douleurs se calment; toutes les espérances renaissent : huit jours se passent dans une
sorte d'ivresse; et tout à coup un abattement
profond, une consternation à laquelle rien de ce
que nous avons éprouvé jusqu'à présent, ne peut
se comparer, succèdent à ces douces et vives
émotions. Les espérances s'évanouissent; une
sombre méfiance s'empare de tous les cœurs;
on s'indigne du présent, on tremble pour l'avenir; la marche des choses et de ceux qui ont été
appelés à les diriger paroît, dès les commence-
mens, fausse, incertaine; dispersés seulement
par la tempête qui devoit à jamais les anéantir,
les élémens impurs de la Révolution, déjà rassemblés par des mains habiles et funestes, semblent
se coordonner de nouveau; l'intrigue a pris la
place de la force qui n'est plus; et l'on tend des
filets maintenant qu'on ne peut plus se servir de

poignards. *La Révolution continue*, tel est le cri douloureux qui se fait entendre de tous les côtés; les premiers effets d'une conspiration nouvelle, non moins infâme que la première, frappent les yeux les moins exercés; on en saisit les conséquences effroyables; on fait entendre quelques plaintes: mais on diroit que personne n'ose remonter à la source du mal, et montrant de quel point partent les conspirateurs, indiquer le but où ils tendent. On semble craindre de reprendre ou du moins d'avertir ceux à qui le Souverain a transmis son pouvoir, lorsqu'il est évident pour tous les Français qu'ils s'égarent dans leurs voies et que leur imprudence nous livre de nouveau aux éternels artisans de nos calamités, au moment même où nous sommes à peine échappés de leurs mains impitoyables.

J'essayerai de remplir une tâche que j'appellerois le *plus saint des devoirs*, si nos patriotes n'avoient avili cette noble expression. Mais voulant, avant toute chose et autant qu'il est en moi, éclairer et persuader ces nobles Alliés de qui semblent dépendre en ce moment nos destinées, je ne puis les jeter d'abord au milieu de ce labyrinthe révolutionnaire dont ils connoissent à peine l'entrée et moins encore les issues. En effet, une longue et cruelle expérience ne l'a que trop prouvé : c'est en France et seulement en France que la Révolution française a été bien connue. Il fallut à l'Europe dix années de revers pour lui apprendre par quels moyens on pouvoit vaincre Buonaparte ; et lorsque nos libérateurs entrèrent pour la première fois dans les murs de Paris, le moindre d'entre nous put reconnoître qu'après avoir si glorieusement vaincu, ils ignoroient complétement les vrais moyens de consolider la victoire. Ils ont fait depuis, et plus d'une fois, le noble aveu d'une erreur que nous n'avons certainement pas le droit de leur reprocher. Mais savent-ils enfin maintenant autant qu'il le faudroit pour d'aussi grands intérêts que ceux qui les ont ramenés parmi nous, comment et en quoi ils se sont trompés? D'après ce qu'on ose faire en leur présence, sans qu'ils en paroissent ni surpris, ni effrayés, il est encore permis d'en douter, et ce doute, me faisant, malgré moi, remonter beaucoup plus haut que je n'aurois voulu, va me forcer de parcourir rapidement toutes les sinuosités de l'horrible dédale pour arriver plus sûrement au monstre que je veux saisir et montrer à tous les yeux.

Cette erreur des alliés qui nous coûte si cher, est de s'être persuadés que, le tyran abattu, la Révolution finissoit avec lui, comme s'il en avoit été le créateur, comme si l'existence de cette révolution eût été attachée à la destinée d'un seul homme. Les racines en sont plus profondes : Buonaparte ne fut qu'un de ses innombrables agens ; et quoiqu'on ait pu le croire un moment seul héritier des grands coupables qui l'avoient précédé, il a passé, laissant son glaive et son masque à ceux qui sont appelés à lui succéder. Arrachons-leur ce masque, afin qu'on puisse briser ce glaive ; essayons de rassembler dans le plus court espace possible les traits dont se compose leur caractère ; à travers tant d'événemens qui, depuis vingt années, confondent le jugement, accablent l'imagination, cherchons à démêler les affections qui paroissent leur être communes ; s'ils ont été constamment possédés d'une pensée secrète qui ait fait leur union et leur force, allons la chercher jusqu'au fond de ces âmes perverses ; qu'elle soit enfin connue de tous, qu'elle nous explique tout ce qui, dans le passé, nous semble encore inexplicable, qu'elle nous fasse clairement comprendre le présent et nous donne ce qu'il faut pour prévoir et maîtriser l'avenir.

Je ne puis m'empêcher de redire ici ce qui a été dit mille fois ; mais je supplie qu'on ait la patience de m'écouter, parce que je ne dirai rien qui ne soit utile à mon dessein, et qu'une grande vérité ne peut frapper tous les esprits que par l'enchaînement exact de toutes les vérités qui servent à l'établir.

Le caractère particulier de la Révolution française, caractère unique dans les annales du monde, est l'athéisme; et le premier insensé qui dît, *il n'y a point de Dieu*, fut le premier révolutionnaire. Cachés dans l'ombre pendant toute la suite des siècles, n'apparoissant de temps à autre au milieu des hommes que pour en être le mépris et l'horreur, pour expier dans les supplices un crime considéré comme le plus abominable qu'on pût commettre envers la société, les athées se montrèrent pour la première fois au grand jour dans le 18ᵉ. siècle, époque la plus mémorable sans doute de l'histoire, si ses plus grandes époques se composent des plus grands malheurs de l'humanité. Ils attaquèrent tout, parce que tout est fondé, dans l'ordre social, sur l'idée de Dieu; ils empoisonnèrent tout, parce qu'ils s'adressèrent aux passions que la religion seule peut réprimer; leur hypocrisie parvint même à séduire les rois que leur violence devoit renverser. Ils formèrent des intelligences jusque dans leurs conseils; toujours plus audacieux à mesure qu'ils croissoient en nombre et s'élevoient en crédit, ils obtinrent enfin de partager le pouvoir qu'ils avoient énervé ou corrompu, et les apôtres du néant et de la destruction promirent de tout régénérer.

Alors s'offrit un spectacle dont on n'avoit pas même l'idée. Jusques-là, dans toutes les révolutions politiques qui ont agité et désolé le monde, nous voyons que les fanatiques et les ambitieux qui les excitoient avoient pour but, ou de s'emparer du pouvoir existant en continuant de régner suivant les lois politiques et religieuses déjà établies, ou de renverser ce pouvoir pour y substituer une autre forme de gouvernement, quelquefois même un nouveau culte et une législation toute nouvelle. Mais jamais les plus insensés démagogues n'avoient imaginé de détruire, au milieu d'un peuple, lois, mœurs, traditions, souvenirs, dogmes sacrés, culte public, morale religieuse, en un mot toutes les bases fondamentales de la société, et d'en reconstruire ensuite l'édifice avec les vaines abstractions d'une métaphysique toute matérielle dont ils auroient encore exagéré les horribles conséquences. Telle fut l'œuvre de nos athées-législateurs. Quoique favorisés par une corruption sans exemple déjà répandue par eux dans toutes les classes de la société, ils éprouvèrent cependant, dès le commencement de leur désastreuse entreprise, une résistance plus grande peut-être qu'ils ne l'avoient d'abord attendu, parce qu'au petit nombre de ceux qui avoient conservé des principes, se joignit le nombre beaucoup plus considérable de ceux à qui l'intérêt en tenoit lieu ; et cette résistance tournant en fureur les passions ardentes et orgueilleuses dont ils étoient possédés, ils se précipitèrent aussitôt dans les excès les plus exécrables. Dès lors ces fanatiques astucieux comprirent très-bien qu'ayant osé attaquer l'ordre social dans ce qu'il a de plus sacré, ils avoient commis un crime sans exemple, un crime que la société entière étoit intéressée à punir et qu'on ne pourroit jamais leur pardonner. Toutes les conséquences effroyables de leur chute dans la lutte qui alloit nécessairement s'engager, la honte, les outrages, les risées, les malédictions des contemporains et de la postérité, les châtimens mêmes les plus cruels, et qu'ils n'avoient que trop mérités, se présentèrent à leur imagination. Une peur sans égale s'empara de leurs âmes : cette peur continuelle et toujours croissante les jetta bientôt dans ce désespoir extrême qui donne aux plus lâches les apparences et quelquefois toutes les ressources du courage. Pour reculer dans la route du crime, il faut des remords et un reste de conscience : ils s'y enfoncèrent de jour en jour davantage, et l'on conçoit ce que pouvoient oser des scélérats qui, ne craignant rien du ciel, avoient tout à redouter dès hommes. On les vit déployer à la fois, et pour triompher de leurs ennemis et pour achever de corrompre et d'égarer les peuples dont ils vouloient faire l'instrument de leur salut, plus de perfidies et d'atrocités que l'esprit humain n'en peut concevoir. Cette peur vengeresse dont ils ne cessèrent pas un seul instant d'être poursuivis, les poussa d'assassinats en assassinats jusqu'à celui de l'infortuné Louis XVI, et ce crime, le plus grand sans doute de tous leurs crimes, ce crime qu'ils commirent *seuls* et dont ils déclarèrent hautement complice la Nation qu'ils avoient séduite et subjuguée, n'eut d'autre but que de lui faire partager leurs terreurs et de lui inspirer, dans la défense de leur cause impie, ce désespoir profond dont ils étoient animés. Toujours divisés entre eux dans les temps de leur sanglante anarchie, acharnés les uns sur les autres comme des bêtes féroces, les factieux se réunissoient à l'instant, comme par une sorte d'instinct, dès que le parti royaliste sembloit se ranimer, et cet instinct, c'étoit la peur. La peur enfin, la peur seule, lorsqu'ils eurent acquis la conviction que leurs systèmes démagogiques et leur législation populacière menaçoient ruine et alloient les entraîner dans leur chute, détermina ces *fiers* républicains à se créer un roi de leur espèce, un roi qui pût leur donner dans ses propres crimes une garantie suffisante pour l'impunité de tous leurs attentats. Un vil étranger se présenta : ses mains se plongèrent dans le sang innocent et sacré dont ils étoient couverts ; et dès ce moment, ils se livrèrent à lui sans réserve, prêts à tout, résignés à tout, pouvant tout supporter, excepté le retour de l'autorité *légitime*. Liés à ce tyran en démence par cette espèce de pacte infernal, et rassemblés de toutes parts sous son sceptre de fer, nous les avons vus, tout le temps qu'il a opprimé la France, se plier à tous ses caprices, servir toutes ses fureurs, inventer des louanges pour tous ses crimes. Ce monstre, si visiblement suscité par la Providence pour achever le châtiment d'une nation coupable, semble avoir été également appelé pour commencer celui de ses oppresseurs ; et cette peur invincible dont ils étoient obsédés lui répondoit à jamais de leur patience et de leur dévouement. C'est à cette époque singulière de la Révolution que l'esprit des révolutionnaires put être bien connu de ceux qui savoient observer ; c'est alors qu'on put lire jusques dans les plus

profonds abîmes du cœur de ces méchans. On vit,
avec une sorte de stupéfaction, une tyrannie toujours croissante et de jour en jour plus affermie,
dans laquelle les agens employés par le tyran
n'étoient guères moins tourmentés que ses victimes : fatigues, travaux, périls de toute espèce,
ils bravoient tout à son moindre signe, ces *Bru-
tus* si rapidement transformés en *Tigellins*; les
trésors de l'Europe qu'il sembloit abandonner
à leur insatiable avarice, il les forçoit ensuite
à les prodiguer pour servir ses fureurs; ils lui
livroient leurs enfans comme les derniers du
peuple; plusieurs alloient mourir dans des terres
lointaines où ils s'exiloient volontairement pour
lui plaire; les projets les plus gigantesques, les
entreprises les plus extravagantes ne pouvoient
les effrayer, dès qu'il les avoit commandés, et
tous s'y précipitoient avec une sorte de supers-
tition hypocrite, bien sûrs cependant que leurs
fautes où leurs revers leur seroient comptés
comme des trahisons, et qu'il n'y avoit point
d'alternative pour eux entre les faveurs du maître
et ses disgrâces les plus outrageantes. Je ne
cesserai de le répéter, quel autre motif auroit
pu les déterminer à endurer patiemment tant
d'indignités, à traîner à ses pieds une vie si mi-
sérable, si ce n'est cette peur inexprimable de

voir renaître le pouvoir *légitime*, peur plus puis-
sante sur eux que toutes les craintes, que tous les
maux, que tous les affronts ?

Chose remarquable ! le tyran lui-même ne les
condamnoit à des travaux si durs, ne les traitoit
avec cette rigueur et cette insolence, que parce
qu'il la partageoit, cette peur de la *légitimité*.
Le pouvoir *légitime* sembloit s'élever devant lui
comme un fantôme menaçant. Sans cesse obsédé
de cette terrible image, il conçut le projet absurde de le détruire partout, comme le seul
moyen d'affermir son trône usurpé, et c'est ce
projet qui l'a perdu.

Ainsi s'expliquent les prodiges, autrement inex-
plicables, de ce règne de destruction, de ce règne
de douze ans, dans lequel s'accumulent les malheurs et les forfaits de plusieurs siècles. Pour
que la dynastie d'un aventurier corse devienne,
de son vivant, la plus ancienne de l'Europe, il
faut que sa main renverse de leurs trônes tous
les Souverains du monde civilisé. Un tel projet
qui ressemble aux rêves d'un malade ne l'épouvante point, parce qu'une peur plus forte le
possède. Ces Rois ont des armées nombreuses,
aguerries : il triomphera de ces armées en jetant
sur elles des générations entières, et ces générations, tour à tour immolées, se succéderont sans

relâche pour servir à la fois ses craintes et ses fureurs. Pour arriver à ce résultat prodigieux, il ne
lui faudra point lutter contre de grands obstacles,
ni faire de sublimes efforts du génie. Un malheureux peuple qu'on a dégradé par l'impiété
et par l'anarchie, est tombé sans défense entre
les mains des révolutionnaires, et les révolutionnaires se sont livrés avec ce peuple à cet homme,
parce qu'il a usurpé. L'usurpation étant devenue
une garantie réciproque entre le maître et les
esclaves, on donne à cette conspiration ourdie
contre la société entière, toutes les apparences
d'une société civilisée. Les décrets spoliateurs,
les arrêts de mort, de conscription, etc., partent du
château des Tuileries, reçoivent en passant les
acclamations serviles du Sénat, et parcourant la
France avec la rapidité de la foudre, vont recevoir dans les préfectures leur terrible exécution.
Du sein des préfectures sortent ces troupes sinistres de gendarmes et de commis qui explorent
les villes et les campagnes, enlevant aux pauvres
leur dernier écu, aux mères leur dernier enfant.
C'est dans l'enceinte des préfectures que sont
parqués, mesurés, dénombrés ces innombrables
troupeaux dévoués à la mort ; là retentissent
sans cesse les pleurs et les gémissemens des victimes, les injures, et, ce qui est plus insuppor-

table encore, les railleries des bourreaux ; en un mot, c'est là que commence cette désolation de la France qui doit s'achever ensuite dans les camps et dans les hôpitaux. Les lois les plus saintes de la nature sont violées ; la prison, les tortures, le fer, la flamme, tout est employé pour arriver au grand but de l'administration dont toute la science est ceci : *fournir des hommes et de l'argent*. Recruteurs barbares et collecteurs impitoyables, en même temps qu'ils renouvelloient tous les ans l'armée et réparoient sans cesse le *déficit* des finances, les préfets (il importe de les bien faire connoître) se faisoient chefs d'espions, et remplissoient les châteaux forts ; ils veilloient sur les écoles publiques pour y faire exécuter les réglemens profanateurs de la jeunesse, sur les ministres du culte pour les abreuver d'opprobre, détruire ou diriger leur influence, sur la population entière pour la tromper, pour la corrompre de jour en jour davantage , et la tenir dans une continuelle épouvante. Il n'est pas besoin de dire que tout ce que la Révolution avoit produit d'impur accouroit se ranger sous leurs bannières, et que dans les emplois subalternes reparoissoient sous de nouvelles formes tous ceux qui avoient auparavant opiné dans les comités révolutionnaires, harangué dans la tri-

bune des Jacobins, assassiné dans les places publiques. Tandis que l'intérieur étoit ainsi livré à
la violence et à l'espionnage, l'armée, semblable
aux *immortels* du grand roi, sans cesse alimen-
tée, renouvelée par cette manufacture d'hommes
qu'on exploitoit avec un art si infernal, donnoit
un spectacle encore plus étrange; et chargée de
compléter à l'extérieur ce ministère de destruction, portoit d'un bout de l'Europe à l'autre le
fer et la flamme, renversant les trônes, désolant
les peuples, humiliant les Rois. L'esprit de conquête, si opposé au véritable esprit militaire, la
livrant ainsi à toutes les corruptions, elle com-
muniquoit bientôt son fanatisme et ses passions
brutales à cette jeunesse inexpérimentée qu'on
amenoit sans cesse dans ses rangs, et se trouvoit
ainsi toujours aussi brave, aussi nombreuse, aussi
féroce. Il ne sembloit pas que rien pût arrêter
ce torrent, ni détruire une puissance élevée,
cimentée par des moyens jusqu'alors inconnus,
et auxquels des Gouvernemens réguliers, divisés
par leurs préjugés ou leurs intérêts, étoient sans
doute dans l'impuissance de jamais opposer des
moyens équivalens. S'il eût su s'arrêter à propos, le plus vil des aventuriers jouoit jusqu'à la fin, et à la honte des nations, le rôle du
plus grand des Souverains; mais la pensée im-

portune de la *légitimité* le poursuit, ne lui laisse pas un moment de repos. C'est en vain que la plupart des sociétés de l'Europe sont ébranlées ou subjuguées : il existe à son extrémité la plus reculée une grande puissance qui soutient encore ce vaste édifice. A moins de l'avoir abattue, il est impossible qu'il exécute complètement la pensée de son système fédératif, grande pensée, laquelle consiste tout simplement, qu'on me passe des expressions qui ne peuvent être trop fortes, à mettre sur les trônes des *goujats* à la place des Empereurs et des Rois. Hé bien, il rassemblera ses soldats depuis le tropique et les conduira jusqu'au cercle polaire pour essayer de renverser cette puissance. Un tel projet paroît, même aux plus stupides, insensé, sans motif : il est insensé sans doute, mais il n'est pas sans motif; il a résolu de détruire tout ce qui étoit *légitime*, et le roi des révolutionnaires ne trouvera qu'à la fin de cette grande entreprise la fin de ses tourmens et de ceux de ses dignes ministres. Là se brise enfin cette puissance colossale devant laquelle, suivant l'expression du prophète, la terre entière se tenoit en silence. Abattu pour la première fois, le moderne Cambyse se seroit encore relevé s'il eût pu renoncer à ses plans de destruction; s'il eût pu vaincre son horreur pour la *légitimité*. Mais la peur, comme une furie infatigable, le poursuit, le précipite vers sa ruine ; il veut reparoître encore avec d'innombrables armées dans ces mêmes régions d'où il n'a pas ramené un seul soldat ; ses dernières violences passent toutes les autres et commencent à lasser un peuple, dont la patience jusqu'alors avoit semblé infatigable ; elles déterminent en même temps les puissances à se réunir pour la première fois dans un intérêt commun, celui de la conservation. Le tyran tombe, les Alliés dont il a envahi toutes les capitales, entrent dans Paris, et la France entière, qui depuis long-temps ne formoit plus une véritable société, s'agite comme une multitude confuse, et se partage à l'instant même en quatre partis bien distincts : le peuple inquiet, incertain, exaspéré, à qui tout sembloit préférable à l'oppresseur dont on l'avoit délivré ; les innombrables agens de la tyrannie qui perdoient tout et craignoient tout ; les républicains et autres novateurs politiques, partagés entre eux de principes et d'opinions, mais d'accord en ce seul point que le pire des Gouvernemens étoit une monarchie qui avoit eu quatorze siècles d'existence et de prospérité ; enfin les royalistes, foible troupeau au milieu de cette foule désordonnée, qui demandoient, avec le prince légitime, cette antique monarchie dans sa force et dans sa majesté, la religion, sans laquelle il ne peut exister ni monarchie, ni aucune autre société.

Les alliés en conviennent eux-mêmes, ils n'avoient aucun dessein bien arrêté lorsqu'ils entrèrent dans Paris. L'éclat de notre gloire militaire leur imposoit; ce qu'ils avoient vu et éprouvé depuis dix ans supposoit des prodiges d'administration, et ne pouvant, comme nous, remonter à la source de ces prétendues merveilles, ils auroient difficilement imaginé qu'un peuple eût perdu toute vertu politique dans le temps même qu'il avoit su, en conservant la paix intérieure, vaincre successivement tous ses voisins les plus redoutables; et qu'il n'y eût plus chez lui aucune force morale, lorsque ses soldats, rappelant les plus beaux jours de la patrie, venoient en désespérés mourir sur le champ de bataille. Quelque attachés qu'ils pussent être, et par principe et par intérêt, à toutes les institutions favorables à la monarchie légitime, ils tiroient de leur premier erreur cette conséquence qu'un tel peuple n'ayant pu faire de si grandes choses sans une volonté ferme, sans quelques sentimens généreux, la justice et la générosité demandoient qu'après l'avoir délivré de son tyran, on ne lui

imposât pas des lois trop dures, ni un gouvernement qui lui fût odieux. Il falloit en effet tout
ce qui a suivi pour les convaincre qu'on pouvoit trouver en Europe, de même que dans les
contrées de l'Asie les plus désolées, une extrême
bravoure sans honneur, une patience à toute
épreuve sans patriotisme et sans vertu. Ils mar-
choient, flottant dans ces incertitudes : le cri de
vive le Roi est hasardé par quelques sujets fidèles;
il s'accroît par degrés, se propage de bouche en
bouche, devient une acclamation générale qui
retentit jusqu'à leurs oreilles et décide du rétablissement des Bourbons. Ce fut un coup de
foudre pour les révolutionnaires, et rien ne
pourroit exprimer leurs terreurs et leur accable-
ment. La Révolution sembloit finie à jamais par
ce premier succès des royalistes; le peuple que
nous avons déjà montré avide de changemens,
prêt à s'attacher au premier chef qui feroit cesser ses misères et le vengeroit de ses oppresseurs,
se rallia sur-le-champ à cette poignée de généreux
Français; et la France répétant avec Paris ce
cri magique de *vive le Roi*, se précipita bientôt toute entière au-devant de son Prince légitime, dont elle avoit, pour ainsi dire, oublié le
nom, et dont l'existence, quelques mois auparavant, lui étoit à peine connue. Tout étoit pos-

sible pour notre salut dans ces premiers momens d'enthousiasme et d'espérance : cependant tout étoit déjà perdu. Les chefs du parti révolutionnaire ont su démêler cette hésitation des Souverains alliés ; ils s'aperçoivent avec joie qu'ils en sont mal connus, mal jugés ; ces Princes magnanimes n'ont point également d'idées justes et précises sur le caractère actuel du peuple français, sur ses principes, sur ses opinions ; ou pour mieux dire, ils ignorent qu'il n'a plus ni principes, ni opinions, ni caractère. Nos hypocrites tyrans s'insinuent déjà dans les Cabinets lorsque nous nous rassemblons en désordre dans les places publiques ; ils font des traités, tandis que nous poussons des cris de joie ; le Sénat parle au nom de la Nation qui crie anathême contre lui ; il stipule pour elle des garanties qu'elle n'a point demandées ; les ministres de la tyrannie se confondent avec ses victimes pour ressaisir le pouvoir prêt à leur échapper ; et la générosité, la franchise de nos libérateurs ne peuvent lutter contre l'astuce de ces hommes vieillis au milieu des intrigues les plus machiavéliques, élevés à l'école de la perfidie et du mensonge. Ils flattent, ils effraient, ils promettent, ils trompent, ils finissent par persuader. Il est enfin décidé que les agens du gouvernement qu'on vient d'abattre, seuls capables de supporter le poids du gouvernement qu'on vient de relever, resteront partout, dans le Sénat, dans l'Armée, dans les Tribunaux, dans toutes les administrations; le Roi lui-même, n'ayant point alors, comme il a daigné nous l'avouer, une expérience depuis si chèrement acquise, confirme toutes ces funestes concessions, et entre dans sa capitale, entouré de ses plus implacables ennemis : c'en est fait, déjà l'on conspire, déjà la perte du pouvoir *légitime* est jurée.

Ils conspiroient, les misérables! et la France presque entière n'auroit pu croire alors une conspiration ni possible ni vraisemblable. Admettons en effet que la clémence et les bienfaits du Roi ayant passé toutes les bornes, comme plusieurs ont eu l'effronterie de le dire, dussent, par leur excès même, exciter en eux des soupçons, des méfiances, n'étoient-ils pas les maîtres de l'Etat, puisque, sans compter tout le reste, ils l'étoient entièrement de l'armée, organisée de manière que, ne se composant que d'eux, ne devant être de long-temps recrutée que par eux, elle leur offroit ainsi une garantie *matérielle* que rien ne pouvoit détruire et avec laquelle ils pouvoient tout braver? Quelle apparence que le Roi eût jamais la volonté de les repousser;

lorsqu'il s'en ôtoit ainsi le pouvoir ; et n'étoit-il pas naturel que de son côté il fondât une entière sécurité sur l'intérêt bien évident de ces hommes nouveaux dont il consolidoit l'existence, les établissant pour la première fois dans de justes et honorables rapports avec tous les peuples civilisés ? Telles étoient les réflexions qui tranquillisoient le plus grand nombre : les royalistes seuls conçurent les plus vives alarmes, et j'entends par *royalistes,* car il est essentiel de bien définir ce mot, ces serviteurs du Roi qui, restés en France pendant toute la durée de cette effroyable tempête politique, ou rentrés dans leur triste patrie, lorsque c'eut été une nécessité absolue de déposer les armes qu'ils avoient prises pour sa défense, étoient demeurés au milieu des factions, toujours inébranlables dans leur fidélité, n'échappant à la persécution qu'à la faveur de l'obscurité, et dans leur retraite profonde, observateurs assidus et vigilans des choses et des hommes, les seuls qui connussent bien les révolutionnaires, et, comme l'événement l'a fait voir, les seuls qui en fussent vraiment redoutés. « Une conspiration étoit, disoit-on, sans but, par conséquent absurde, impossible : » ils soutinrent, eux, que le premier emploi que les révolutionnaires feroient des forces qui leur étoient si imprudemment laissées, seroit pour conspirer. Quoi! ce pouvoir *légitime*, l'éternel objet de leurs terreurs, de leurs exécrations, étoit rétabli; à sa suite al-loient nécessairement reparoître l'ordre, la paix, la justice, la religion; les peuples rendus par de-grés à la morale, à leurs anciennes traditions, et bientôt rattachés par tous les liens de l'intérêt et de l'affection à ce pouvoir réparateur, ne pen-seroient plus qu'avec horreur à la Révolution : et l'on pouvoit supposer que ceux qui l'avoient faite, cette révolution, qui l'avoient soutenue et prolongée par tant de crimes, qui furent si long-temps tourmentés de la crainte de la voir finir, supporteroient patiemment une situation dans laquelle en évitant même la vengeance, ils ne pouvoient échapper à la honte et au mépris, à ce mépris, leur supplice le plus insupportable, même lorsque leurs victimes osoient à peine le laisser entrevoir! Non sans doute : ils étoient loin d'ailleurs de goûter cette sécurité qu'on prenoit plaisir à leur procurer, agités malgré eux par ce trouble intérieur, premier châtiment des coupables, lequel leur offrant sans cesse la vive image de leur crime, leur ôte tout bon conseil, et les pousse d'eux-mêmes vers leur perte, par l'idée qu'ils se font que cette même image se pré-sente aussi vivement à tous les yeux. Le Roi et ses augustes alliés établissoient leur jugement sur ce qui étoit honnête, raisonnable ; les royalistes plus expérimentés entroient dans les passions de leurs ennemis et rencontroient plus juste, considérant ces passions désordonnées comme la règle unique de la conduite qu'ils alloient tenir. Je le répète, les révolutionnaires jurèrent tous la perte du pouvoir légitime au moment même où ils faisoient le serment solennel de s'y soumettre et de le défendre. Voilà ce qu'a produit la rage et le délire : nous allons maintenant admirer des prodiges de prévoyance, de concert, d'habileté, car, de même que les esprits infernaux, ces hommes semblent réunir tous les extrêmes.

Le peuple, comme nous l'avons dit, avoit été d'abord entraîné par les royalistes ; les républicains s'étoient, au même instant, réunis aux agents de Buonaparte ; et les quatre partis n'en formoient plus que deux, qui restèrent quelques momens en présence, attendant que les premières opérations du gouvernement nouveau fussent commencées. L'effet en fut accablant, et les traîtres l'avoient prévu. A peine se fut développé le plan fatal qui, conservant le système d'administration établi sous le gouvernement impérial, conservoit en même temps tous les agens dont se composoit sa nombreuse hiérarchie, qu'on vit s'arrêter tout à coup le mouvement rapide et unanime qui entraînoit la population entière de la France vers des institutions purement monarchiques. Dans les classes subalternes de la société, les meilleurs s'en irritèrent, les autres sentirent diminuer l'horreur qu'ils avoient conçue pour un gouvernement dont on sembloit approuver les actes et respecter les formes, et généralement il en résulta un scandale public dont l'effet fut d'altérer sensiblement l'affection et même le respect que l'on devoit au Souverain. Quant aux royalistes, leur effroi fut au comble, lorsque, voyant, par l'effet de cette marche déplorable, le peuple refroidi et prêt à leur échapper, ils s'aperçurent d'un autre côté que l'armée entière s'organisoit d'après les mêmes principes et avec les mêmes élémens : la Révolution n'étoit-elle pas toute entière dans cette double organisation? Ils espéroient du moins qu'un corps de troupes étrangères veilleroit sur le Prince qu'on environnoit comme à plaisir de tant de dangers imminens; plusieurs même le demandèrent à grands cris, prédisant dès lors les plus horribles catastrophes, si l'on négligeoit cette unique et dernière ressource : leurs cris ne furent point entendus ou furent dédaignés. Adroitement désignés comme des fanatiques ou des brouillons, le sobriquet d'*alarmistes* qu'on leur donna, joignant la dérision au mépris, les força bientôt de rentrer dans la foule et d'abandonner le champ de bataille à des ennemis qui ne craignoient qu'eux et que, dans une lutte *à découvert*, ils eussent probalement terrassés ; enfin tout à la Cour étoit tellement sous le charme, qu'on crut même devoir presser par tous les moyens possibles le départ des soldats étrangers ; et le Roi, noble et généreux comme auroient pu l'être Henri IV et Louis XIV, resta seul, ayant uniquement pour sauvegarde l'*honneur* des soldats de Buonaparte et la *probité* de ses administrateurs. Cependant tous les liens qui attachoient entre eux les ressorts du gouvernement impérial, à peine rompus un moment, se trouvoient déjà rattachés par des mains actives et invisibles ; elles pénétrèrent avec une incroyable activité dans tous les rangs de l'armée, dans tous les degrés de l'administration civile : il n'est pas besoin de dire qu'elles y trouvèrent un concert presque unanime d'actions et de volontés.

Je désire pouvoir exposer ici nettement l'état des choses : elles fourniront la preuve que jamais peut-être la haine sympathique du pouvoir légitime ne se manifesta par des signes plus frappans que dans cette circonstance où les ré-

volutionnaires qui avoient le plus abhorré Buonaparte et sa tyrannie, se réunirent de toutes les
forces de leur âme à ceux qui l'avoient le plus
lâchement servi: Ils en sentoient la nécessité absolue, car lui seul pouvoit leur donner l'armée,
et l'armée seule pouvoit renverser l'ennemi commun. L'exil de ce tyran devint donc le centre
de tous les mouvemens mystérieux et compliqués de la conjuration, et tous les conspirateurs
parurent recevoir de lui leur première impulsion;
soit que, dans leur odieux fanatisme, ils n'as-
pirassent qu'à reprendre leurs chaînes et à renou-
veler leurs adorations, soit que, plus prévoyans,
plus habiles, et bien convaincus que la folie incurable de cet homme n'étoit propre désormais
qu'à achever leur perte, ils eussent secrètement
résolu de n'en faire qu'un instrument passager
de leur salut; et ces derniers se divisoient en
deux partis dont l'un, revenant à d'anciens systèmes qui ne furent jamais entièrement abandonnés, cherchoit déjà un autre chef, capable par
une haute naissance, qui seule peut donner une
véritable consistance politique, d'offrir à l'Europe inquiète et irritée une garantie suffisante pour
la séduire ou pour la calmer; dont l'autre, sans
rejeter peut-être ce nouveau chef, rêvoit
encore des institutions républicaines, des magis-

trats républicains, et ne voyoit en lui que le Consul ou le Président d'une république. Cependant le gouvernement monarchique venoit de s'organiser au moyen d'une Charte constitutionnelle dont les élémens se composoient d'un Ministère responsable, et de deux Chambres législatives balançant le pouvoir du Roi, système que je ne veux ici ni louer ni critiquer : toutefois je crois à propos de dire que l'effet nécessaire d'un tel système est de donner une force invincible au pouvoir monarchique ou de l'affoiblir outre mesure, parce que, se composant d'élémens variables pris dans les trois formes de gouvernement connues, et l'équilibre qu'on a prétendu obtenir par cette composition singulière, tout séduisant qu'il est dans la théorie, étant démontré impossible dans la pratique, il en résulte que, suivant la direction que prend cette vaste machine dans la pente inévitable à laquelle elle est sans cesse obligée de céder, l'Etat peut brusquement passer de la monarchie absolue à l'anarchie des républiques les plus turbulentes. Il n'est point de constitution politique où les *choses* dépendent plus des *hommes* que cette forme nouvelle de gouvernement, dont, jusqu'à notre Révolution, l'Angleterre offroit un exemple unique dans les annales du monde.

Que dirai-je enfin? renouvelant entièrement les
deux Chambres, et prenant des précautions suffisantes pour qu'elles ne fussent composées que
de Français dévoués à sa cause, le Roi re-
cueilloit tous les avantages d'un tel système;
les laissant, par un funeste conseil, à peu près
ce qu'elles avoient été du temps de l'usurpateur, il n'en avoit plus que les inconvéniens.
Qu'attendre en effet de ceux qui avoient cru
possible de représenter la Nation sous Buonaparte? Une minorité factieuse et dirigée par des
conspirateurs y maîtrisa donc constamment un
troupeau d'hommes qu'on ne peut pas dire positi-
vement avoir été malintentionnés, mais que d'absurdes et invincibles préjugés disposoient à se
mettre sans cesse en opposition avec la préro-
gative royale. Quelques sujets courageux et
fidèles y luttèrent vainement contre la niaiserie
des uns et la criminelle audace des autres; les
Ministres cherchèrent plus vainement encore à
s'y procurer quelque influence, ignorant complètement que, parmi les meneurs, la question
étoit déjà décidée contre eux et contre la royauté.
On n'y professoit point la révolte ouverte;
mais le plan arrêté, et constamment suivi,
étoit de tout entraver, de réduire l'action du
chef de l'Etat au dernier degré de foiblesse et

de lenteur : il n'y eut jamais un spectacle plus déplorable.

Cependant, d'un autre côté, tout avançoit rapidement. L'armée presque entière, l'administration dans toutes ses branches se trouvoient déjà entre les mains des conspirateurs. Les royalistes étoient abattus, baffoués, désignés même sérieusement comme les plus grands ennemis du Roi ; le peuple qu'on avoit su arracher si à propos à leur influence, avoit, comme nous venons de le dire, perdu son enthousiasme, et trompé dans ses plus chères espérances, restoit dès-lors spectateur à peu près indifférent d'un ordre nouveau auquel il eut été si facile de l'attacher par ses plus vives affections. Cependant ce peuple avoit la paix, le plus doux des biens et dont il étoit depuis si long-temps privé ; ses relations de commerce et d'industrie venoient de se rétablir avec l'Europe entière ; le tyran ne lui avoit laissé, par ses derniers excès, que d'affreux souvenirs ; et malgré les fautes qu'on avoit commises, ses affections pouvoient renaître du sentiment seul d'un bonheur que chaque instant sembloit accroître et dont jusqu'alors il n'avoit pas même eu l'idée. Le moyen d'exécuter une révolution nouvelle au milieu d'une population entière qui, s'élevant contre ses auteurs, eut pour la première

fois trouvé des chefs et un point de ralliement!
C'est ici qu'on est à la fois confondu, et de l'a-
veuglement du Ministère (je ne parle point ici
des Ministres qui sont soupçonnés de trahison),
et des ressources vraiment infernales de cette
association révolutionnaire qui, de même qu'un
seul homme, semble n'avoir qu'une action,
qu'une volonté, agissant partout, dans le même
instant, avec les mêmes ruses, la même audace,
la même activité. Il s'agit maintenant de séduire,
d'égarer, d'exaspérer la classe populaire des
villes et des campagnes : l'impulsion est donnée
par les chefs de la conspiration ; on la reçoit
dans les préfectures sur lesquelles ils exercent
une action immédiate et qui, réagissant à leur
tour sur les autorités subalternes, communiquent
le mouvement à peine reçu jusque dans les vil-
lages les plus obscurs et jusqu'aux plus vils agens
du pouvoir. Cette horde d'espions et de brigands
se voit bientôt renforcée de ces bandes de prison-
niers revenus d'Angleterre et de Russie, que le
don inespéré de leur liberté sembloit avoir rendus
furieux contre celui à qui ils en étoient redevables,
et de cette nuée d'officiers réformés qui venoient
de se répandre au même instant du nord au
midi, la rage dans le cœur et prêts à tout entreprendre. Les acquéreurs de biens nationaux se

joignent à eux en grand nombre, et la France
fut en quelque sorte enveloppée toute entière
de leurs mensonges et de leurs séductions. Un
impôt (1) dont l'abolition avoit été promise imprudemment peut-être, mais qu'on avoit conservé plus imprudemment encore, fut présenté
comme un manque de foi que devoient suivre
bientôt des mesures encore plus vexatoires. Ici
l'on poursuivoit les contribuables avec de grandes
rigueurs ; là on les excitoit sourdement à ne pas
payer ; d'un côté, le Roi étoit présenté comme
un tyran hypocrite et adroit qui, sous une feinte
modération, établissoit lentement son pouvoir
pour retomber ensuite sur les peuples de tout le
poids de ce qu'on appeloit l'ancien despotisme,
s'environnant alors d'une caste insolente et pri-
vilégiée, ramenant les droits féodaux, les dîmes,
les corvées, le servage, etc. Ailleurs, si l'on
trouvoit trop difficile d'interpréter défavorable-
ment sa clémence et ses intentions paternelles,
aux louanges affectées qu'on lui prodiguoit, se
mêloient des insinuations perfides sur les dispo-
sitions des Princes qu'on montroit sans cesse occupés à lui donner de dangereux conseils, à le

____

(1) Les Droits-Réunis.

détourner du bonheur de ses peuples ; et l'on feignoit de craindre qu'avec lui ne s'évanouît toute cette prospérité dont la France goûtoit à peine les prémices. Pour des esprits plus grossiers, on inventoit des fables encore plus absurdes : on annonçoit des guerres, des conscriptions, des invasions prochaines, et les noms de Buonaparte, du roi de Rome et de Marie-Louise se mêloient sans cesse à ces dangereux mensonges, ou pour accroître les terreurs, ou pour exciter de criminelles espérances. Ceci se passoit surtout dans les campagnes : dans les villes, les partisans de la cause royale, abreuvés d'affronts et de dégoûts, éloignés de toutes les places, souvent même chassés de celles qu'ils avoient occupées, voyoient avec des alarmes sans cesse croissantes, les fauteurs de la Révolution renouveller leurs anciens conciliabules, établir dans ces réunions des signes mystérieux, laisser échapper souvent des menaces indiscrètes et des cris de révolte, s'emporter même quelquefois jusqu'à des voies de fait, sûrs de l'impunité, parce que les magistrats étoient décidés à ne rien voir, à ne rien entendre, et que ces misérables trouvoient pour les absoudre assez de complices dans tous les Tribunaux. Cependant ces mêmes royalistes n'abandonnoient point la juste cause, quoique tout

semblât les abandonner. De toutes les provinces
du royaume, ils ne cessoient d'envoyer des rapports sur tant d'indignités dont ils étoient les témoins, rapports que leur conformité singulière
dans les circonstances principales, rendoit encore plus alarmans, parce qu'elle étoit un té-
moignage irrécusable de leur véracité. On ignoroit quels étoient les projets et le but des conspirateurs, mais il étoit démontré qu'on conspiroit,
et que la presque totalité des administrations civiles prenoit part à la conspiration. Des cris d'in-
dignation s'élevoient de toutes parts contre les
Préfets, et ces cris parvenoient jusqu'au Ministère qui les dédaignoit, qui sembloit même braver le mécontentement de jour en jour plus
marqué que faisoit naître son incroyable sécurité. Pour lui, tout l'art de gouverner sembloit
être renfermé dans le mouvement mécanique
des bureaux, dans leur police routinière, dans
la science d'assurer le paiement des impôts, de
diriger les travaux publics, enfin, dans ce que
l'on peut appeler la partie *matérielle* de l'administration, tandis qu'au moral tout périssoit. On
continua donc à conspirer en quelque sorte sous
sa protection, et les *alarmistes* furent traités avec
plus de mépris à mesure que le danger sembla
devenir plus imminent.

Comment ce Ministère auroit-il cru ce qu'on lui disoit? il sembloit résolu à ne pas voir ce qui se passoit sous ses yeux. Tout Paris connoissoit, signaloit les principaux meneurs de la conspiration, les assemblées régulières qu'ils tenoient; le lieu, l'heure de ces assemblées; et le Gouvernement ignoroit ou feignoit d'ignorer même que l'on conspirât. Des feuilles incendiaires écrites sous la dictée de ces traîtres, insultoient journellement tout ce qui étoit respectable et sacré, et avoient fini par joindre la menace à l'insulte; leur correspondance avec l'île d'Elbe, vingt fois dénoncée, et de jour en jour plus active, avoit ses agens dans la direction même des postes; dont le chef seul avoit été changé; presque toute la police leur étoit vendue, et c'est là surtout que se trouvoit l'assemblage le plus étonnant de l'ineptie et de la trahison; enfin les symptômes qui annonçoient un prochain bouleversement avoient acquis une telle évidence, que les moins clairvoyans étoient parvenus à les pressentir; et telle étoit vers les derniers temps l'assurance des buonapartistes, maîtres alors de toute la France, par l'organisation complète de leur Gouvernement secret, qu'eux-mêmes annonçoient hautement la chute du Roi et de la monarchie. L'histoire n'offre point sans doute un spectacle pareil, où l'insolence des conspirateurs ne peut être comparée qu'à l'aveuglement des ministres, où le meilleur des Princes se trouve également trompé par ses amis et par ses ennemis. Hélas ! environné de traîtres, d'intrigans, de flatteurs, il persistoit dans sa noble sécurité, se confiant dans ses bienfaits, et subissant dans toute son étendue cette triste destinée des Rois, à qui la vérité parvient rarement avant que les maux produits par la flatterie et le mensonge soient devenus tout-à-fait irréparables. Enfin, dans cette œuvre de trouble et de désordre, tout s'arrangeoit avec tant de calme et de régularité, que le plus lâche des hommes, un homme qui, dans les dangers où il s'étoit trouvé personnellement engagé, n'avoit jamais montré que la plus honteuse pusillanimité, put aborder tranquillement en France, suivi d'une poignée de soldats, parcourir ce royaume d'une extrémité à l'autre, à travers ses provinces les plus populeuses, et arriver à petites journées dans sa capitale, où il trouva le palais des Tuileries préparé pour le recevoir, comme s'il revenoit d'une partie de chasse aux environs de Paris ou d'un voyage à Fontainebleau.

La scène change ici, et ce qu'on n'auroit pas cru possible, le scandale semble augmenter. L'ac-

cord unanime des révolutionnaires dans le rap-
pel du tyran a redoublé l'effroi public : on
voit déjà cet homme affreux ressaisissant tout
son pouvoir et l'exerçant avec des cruautés
nouvelles, parce que son orgueil a des affronts
à venger que jusques-là il n'avoit point encore
éprouvés. Il n'en sera point ainsi : à peine le
souverain légitime a-t-il quitté son palais, à peine
est-il descendu de ce trône qu'il occupoit sans
doute avec trop de clémence et de bonté, que les
divisions jusques-là comprimées par la présence
de cet *ennemi commun*, renaissent parmi les
conjurés. Le grand empereur est surpris jusqu'à
la confusion de se trouver tout à coup changé en
simple chef de parti ; et tandis que les déclara-
tions foudroyantes des Puissances, l'imprudente
précipitation de Murat et les soulèvemens partiels
excités par les royalistes auroient exigé le déve-
loppement le plus énergique de toutes les grandes
mesures si laborieusement préparées dans sa
retraite, de se voir entouré de républicains qui
lui opposent insolemment les droits du peuple
et les maximes libérales qui les garantissent, de
conjurés nouveaux, qui se donnant à peine le
soin de cacher le mépris qu'il leur inspire, se
fortifient sous ses propres yeux de tout ce qui
peut l'affoiblir et mettent en quelque sorte à

l'enchère cette couronne qui vient de lui coûter tant de crimes et tant de travaux. O que ne puis-je déployer ici les trames subtiles qui s'ourdissoient dans l'ombre et le machiavélisme profond qui en attachoit tous les fils mystérieux! Que n'est-il sûr même à présent de signaler tous les traîtres et les plus dangereux traîtres! Je chercherois dans cette foule odieuse, et peut-être n'aurois-je pas beaucoup de peine à y démêler tel homme qui, couvert des crimes les plus horribles et les plus fangeux de la Révolution, consommé dans toutes ses ruses, possédant à la fois tout ce qu'elle peut inspirer d'audace et d'hypocrisie, se plaça d'abord entre tous les partis, flottant quelques momens entre eux, initié à tous leurs secrets, donnant de toutes parts des paroles insidieuses avec plus de sûreté et de succès qu'aucun n'auroit pu le faire, parce que son métier avoué et reconnu ayant toujours été de tromper l'un au profit de l'autre, il lui étoit facile d'inspirer une confiance égale à tous; excitant à la fois des espérances à l'intérieur, et des craintes au dehors; prévoyant la chûte à peu près inévitable de Buonaparte, et en même temps qu'il s'arrangeoit pour en profiter, s'assurant sa faveur et ses récompenses, si quelque événement miraculeux le sauvoit du naufrage : et si cet

homme, lors même qu'il aidoit à pousser l'usurpateur dans le précipice et paroissoit se livrer
entièrement au bon parti dont l'ascendant crois-
soit visiblement de jour en jour, eût cherché
des complices pour un troisième parti, et les eût
trouvés parmi ceux qui se montroient alors les
défenseurs les plus ardens du trône, en réveillant
en eux les terreurs communes à tous les révolutionnaires, je présenterois ce dangereux protée
comme l'exemple le plus frappant de cette haine
du pouvoir *légitime*, tourment continuel de ces
grands coupables, et en quelque sorte la seule
passion qui ait conservé en eux toute sa féroce
énergie. Mais un tel homme existe-t-il en effet,
et le crime peut-il se porter à des excès que la
corruption de nos malheureux temps n'auroit
point encore connus? Je n'ose l'assurer; mais
quelque ténébreuses que soient les routes dans
lesquelles il chercheroit à s'engager, il doit trem-
bler : on l'y suivroit sûrement, on l'y atteindroit,
son masque lui seroit tôt ou tard arraché, et les
manœuvres politiques de la Révolution ne sont
pas moins connues maintenant que sa tactique
militaire. Laissant donc de simples conjectures
que je donne pour telles, et dont il est impossible
de former aucune accusation directe, j'essayerai
d'achever le tableau que présentent ces cent

jours de l'interrègne, époque unique, où, de même qu'on voit dans la dernière entrée d'un ballet d'opéra, se mêler confusément les rois, les paysans, les héros, les valets, les princesses et les bergères, se trouvèrent réunis toutes les scènes et tous les caractères de cette hideuse révolution, l'anarchie, le despotisme, les cordons, les bonnets rouges, des prisons d'état, la liberté illimitée de la presse, l'antichambre d'un despote, l'assemblée des représentans du peuple *librement* élus; et ce qui est plus incroyable encore, où Buonaparte prenoit un air soumis, et des sénateurs, un ton insolent. Toutefois ces contrastes bizarres et ces grotesques apparences cachoient les manœuvres les plus actives, les projets les plus sinistres, et tout le jeu des passions les plus exaspérées. C'étoit un véritable assaut de fourberies, dans lequel il est hors de doute que celui qui étoit le maître de l'armée l'eût définitivement emporté, si cette armée n'eût pas eu contre elle les forces de toute l'Europe; et ce qu'il est important de remarquer, c'est que les adversaires du souverain de l'île d'Elbe, sans la déclaration fameuse qui consacroit la *légitimité*, eussent vu, avec peu d'inquiétude, ces apprêts formidables qui sembloient les menacer; mais cette déclaration les mettoit au désespoir

On lui opposa l'article 67 de la nouvelle constitution, avec toute la vieille comédie des sermens et des farces nationales ; l'histoire dira quelles intrigues furent sourdement employées pour y obtenir quelques amendemens ; peut-être enfin cette déclaration fatale eût-elle produit l'effet de tout rallier à Buonaparte, lorsque la bataille de Waterloo vint renverser toutes les combinaisons nouvelles qu'auroient pu amener de nouveaux intérêts. Raconterai-je maintenant le gouvernement provisoire, les hurlemens pour Napoléon II, le pouvoir légitime encore proscrit et blasphémé, lorsque deux cent mille soldats enveloppoient Paris, et que le Roi arrivoit à Saint-Denis, à travers les acclamations de plusieurs millions de Français ? Je crois n'avoir pas besoin de ce dernier accès de la rage expirante pour prouver jusqu'à la satiété, que les révolutionnaires n'ont, pour ainsi dire, qu'une seule passion dans laquelle toutes les autres viennent se confondre : l'horreur de la *légitimité*.

Je touche à la partie la plus difficile du travail que m'a fait entreprendre le sentiment profond de nos dangers et de nos malheurs, et je puis dire maintenant avec le lyrique latin : « Je marche sur des feux que recouvre une cendre trompeuse. » *Inceda per ignes suppositos cineri doloso*. Toutes, les douloureuses images tracées dans mes premières lignes reviennent m'assiéger. Comment tant de si douces espérances se sont-elles évanouies? Lorsque je crains tout, comment m'est-il si difficile d'exprimer mes craintes? Qui accuserai-je, lorsque je vois commettre le crime, sans pouvoir distinguer encore les traits des coupables? Quoi qu'il en soit, je continuerai.

J'ai toujours plaint la triste condition des Rois: sans parler de ce que l'on doit à leur auguste et sacré caractère, de nos jours si lâchement outragé, si indignement méconnu, si l'on considère les piéges que leur tendent la flatterie, l'orgueil, la cupidité et mille autres passions qui les obsèdent, parce qu'ils sont la source de biens et de faveurs qui allument toutes les passions; l'adresse perfide avec laquelle on sait éluder leur vigilance et donner une fausse direction à leurs lumières; une sorte d'inexpérience qui résulte du haut rang où le sort les a placés et des embarras d'une représentation dont il leur seroit impossible et même dangereux de secouer les entraves imposantes, qui de nous, s'il a du sens et de la droiture, osera les accuser des fautes qu'on a l'art de leur faire commettre? Sujet fidèle et dévoué, il ne les reconnoîtra que pour en gémir, et laissant de côté les vains murmures, sachant que, quelque chose qui puisse arriver, le salut de l'Etat est aux pieds du trône, qu'il est contre nature qu'un Souverain légitime ait d'autre intérêt que celui de ses peuples, il s'armera de courage, et de même que dans ces palais enchantés créés par l'imagination des poëtes, il s'avancera, combattant les monstres qui lui ferment les avenues, et faisant tous ses efforts pour pénétrer jusqu'au prince et faire briller à ses yeux l'image de la vérité. Je tenterai cette entreprise ; j'essayerai de parler avec cette liberté respectueuse dont les rois justes et bons ne se sont jamais offensés, et veillant ainsi sur mes paroles, lorsque je n'ai pas une pensée que mon honneur ou ma conscience désavoue, je puis espérer l'indulgence d'un monarque tel que Louis XVIII.

Je ne craindrai pas de répéter ce que déjà l'opinion publique fait entendre de toutes parts : les opérations du ministère dans tout ce qui tient à la police et à l'administration intérieure de la France paroissent fausses, imprudentes et jettent partout l'effroi et la consternation. Entourés de leurs flatteurs, célébrés par des journaux qui sont maintenant sous leur dépendance, et participant ainsi, sous quelques rapports, au malheur de la condition des Princes, ces ministres ignorent-ils ce qui se passe, les bruits qui se répandent, les soupçons qui s'accréditent, les malheurs que l'on redoute ? S'ils l'ignorent, il faut les en instruire.

Et d'abord, quel que soit le motif qui ait pu déterminer le Roi à faire des choix que nous devons respecter, je ne pense pas que les hommes qu'il a choisis puissent concevoir une extrême surprise si je leur déclare que ce n'étoit pas eux précisément, ou du moins quelques-uns d'entre eux, que l'on s'attendoit à voir remplir ces places éminentes ; et peut-être ne leur a-t-il pas été difficile de s'apercevoir qu'au milieu de l'ivresse générale que faisoit naître le retour de notre Souverain bien-aimé, leur nomination étoit loin d'ajouter un nouveau charme à ces premiers momens de la félicité publique. Toutefois nous ne vivons plus dans ces temps d'un honneur ombrageux et chevaleresque, où, je ne dirai pas des crimes et les plus odieux des crimes, mais le simple soupçon d'une bassesse, lorsqu'on n'avoit pu s'en laver complétement, portoit avec lui l'exclusion des moindres emplois publics et même de la société entière. Dans la corruption inexprimable de nos principes et de nos mœurs, dans l'abattement profond où nous ont plongés nos trop longues misères, le plus grand nombre porte un regard stupide et indifférent sur tout ;

tous les moyens de salut nous sont bons, et c'est pour cela sans doute qu'il nous est si difficile de nous sauver; ce qui faisoit autrefois frémir, aujourd'hui fait à peine sourciller; et beaucoup eussent prôné, honoré même des ministres, quels qu'ils pussent être, sous la condition que désormais ils n'auroient d'autre pensée que celle du bien public; les plus délicats même se seroient résignés à les supporter. Laissant donc le passé, examinons ce qu'il étoit urgent de faire, ce que le cri de la France entière demandoit, ce qu'une expérience nouvelle, la plus fatale de toutes, indiquoit jusqu'à l'évidence, et nous aurons malheureusement assez de reproches à adresser aux ministres du Roi.

Je suis invinciblement ramené ici vers des idées qui me poursuivent partout : j'y ajouterai de nouveaux développemens, parce que le péril est là tout entier, et que c'est là seulement que l'on peut trouver le salut. J'ai peint aussi vivement qu'il m'a été possible de le faire, l'accord inoui qui existe entre les nombreux agens de la révolution; je les ai montrés formant, au milieu de l'Etat, un autre peuple soumis à ses lois particulières, établi dans une hiérarchie merveilleuse pour commander et obéir, aussi tyrannique dans le commandement que servile dans l'obéissance, ayant ainsi la double organisation d'une société secrète d'*illuminés*, qui s'accroît et se fortifie timidement dans les ténèbres, et d'une puissance politique qui agit violemment et au grand jour, quand il le faut et aussitôt qu'il le faut. Dans cette combinaison, la plus infernale que la méchanceté humaine ait jamais pu concevoir, tant que le principe de son existence ne sera point attaqué, l'association révolutionnaire peut tout braver; et toute puissance que l'on aura essayé d'élever contre elle, ne cherchant à la combattre que par des mutations timides et partielles, ne pourra jamais avoir qu'une existence fragile et passagère. En effet, que l'on donne à cette machine politique et mystérieuse, des chefs qui lui soient étrangers, aussitôt ses chefs véritables s'établissent dans l'ombre, et au moyen d'une simple communication avec quelques principaux *sous-ordres*, les rapports directs se trouvent immédiatement rétablis; qu'on essaie de rompre ses rangs en y jettant des intermédiaires dont l'action soit en sens contraire : ses agens subalternes, habiles à dissimuler, cherchent à l'instant même, parmi leurs *frères*, et j'oserois dire presque d'instinct, le point de contact le plus prochain pour s'y rattacher et rentrer par-là dans le mouvement commun qui doit tout entraîner. C'est par cet en chaînement si habilement combiné de tant de ressorts, tous dirigés vers le même point, que, pendant l'année de la première restauration, Rovigo a pu gouverner la police, Maret ou Carnot, l'intérieur, chaque préfet dévoué à Buonaparte le département voisin du sien, où l'on avoit placé par dérision un préfet royaliste. Ainsi, l'exécrable araignée répare avec une activité continuelle les moindres altérations qu'éprouve son tissu meurtrier, et cachée au centre de ce piége inextricable, reçoit l'ébranlement le plus léger de ses fils les plus imperceptibles, y enveloppe sa proie, l'assassine lâchement et la dévore sans danger.

Mais, que dirai-je de ces trois mois à jamais lamentables, qui ont précédé le second rétablissement du trône? L'étonnement va croître encore. Le tyran arrive et trouve à la source même de son pouvoir des divisions qui l'affoiblissent; le parti royaliste, qui cherche encore depuis onze mois un point de ralliement, n'a point à la vérité de forces réelles; mais il est répandu partout, et partout il agite une population indécise qui s'aperçoit déjà qu'on la trompe, parce que déjà on l'opprime. Cependant toute l'Europe en armes s'avance vers les frontières, et les révolutionnaires se voient ainsi pressés de toutes parts, foibles pour la première fois dans l'intérieur, parce que l'ennemi du dehors, plus menaçant et dont le succès seroit plus décisif, exige l'emploi simultané de toutes leurs ressources. Hé bien, leur union indissoluble fera leur force, et lorsqu'il est question des royalistes, le républicain Carnot n'aura pas une autre pensée que le buonapartiste Bertrand. Il n'est pas sûr d'employer la violence : on se servira de mille artifices. On commencera par feindre de la modération pour inspirer une fausse sécurité ; la tactique des mensonges politiques si connue, si usée, et cependant toujours nouvelle par ses effets toujours immanquables, sera mise en jeu pour ébranler les espérances, diviser les intérêts, répandre la terreur et jetter tous les esprits dans une insupportable incertitude. Les chefs les plus inquiétans du parti royaliste seront recherchés sans bruit et mystérieusement arrêtés ; le concert se rétablissant ainsi par degrés dans cette société de brigands à mesure qu'il achève de se détruire parmi les honnêtes gens, on voit paroître des colonnes armées et mobiles dont l'activité masque la foiblesse, qui se portent successivement sur les points les plus dangereux pour désarmer ou arrêter publiquement, frappant toujours des coups aussi prompts que certains, parce que tous les révolutionnaires leur servent de guide, et jouent ainsi le rôle d'espions avant qu'on leur fasse remplir celui d'assassins (1). Voilà ce qui s'est fait sur tous les points de la France pendant cette longue agonie, avec une habileté que l'enfer même n'eût pas désavouée; mais aussi avec cet inconvénient que, se perdant par le succès même de leurs manœuvres, les fauteurs de la révolution ont achevé de mettre à découvert tous les ressorts de leur politique et de leur gouvernement.

Oui, partout où il y a assez d'hommes réunis pour qu'on y ait un maire et un commissaire de police, la franc-maçonnerie révolutionnaire est maintenant dévoilée; partout on frémit en pensant que la France porte dans son sein ce germe d'une destruction inévitable; partout on n'élève qu'un cri vers le Souverain, c'est pour le conjurer de nous sauver en frappant sans pitié tous les traîtres, et en dispersant jusqu'au dernier de leurs satellites. Il n'y a pour nous de salut et de repos qu'à ce prix; si nous obtenons enfin une administration toute nouvelle qui remplace celle qui fait notre honte et nos calamités, nous ne croirons pas l'avoir achetée trop cher par les

---

(1) Les victoires de leurs armées devoit être le signal des assassinats.

derniers fléaux qui viennent de nous accabler.
O fatale influence du génie révolutionnaire! tandis que nous élevons vers le trône ces prières suppliantes, les noms les plus déshonorés paroissent
à la tête des premiers emplois du gouvernement;
si l'on désigne enfin quelques-uns des principaux
conjurés à la vindicte publique, c'est avec une
lenteur et des répugnances qui laissent entrevoir
le dessein bien arrêté de sauver tous les autres;
des traîtres qui servirent Buonaparte jusqu'au
jour de son abdication, sont appelés à administrer au nom du Roi les provinces qu'ils ont à
peine cessé de désoler ; des factieux qui l'insultoient encore, le mois passé, dans la tribune des
Représentans, président aujourd'hui des colléges électoraux, et vont peut-être remonter insolemment à cette même tribune avec le nom de
Députés, changeant leurs injures sacrilèges en
une louange hypocrite et impudente. Où sommes-
nous, grands Dieux! le crayon de Tacite n'a jamais tracé des temps plus malheureux, ni une
plus effroyable corruption.

Ministres du Roi, je ne vous accuse point de
le trahir : s'il m'étoit prouvé que vous fussiez
des traîtres, j'éleverois à l'instant ma voix contre
vous, et dût votre pouvoir emprunté me menacer de ses plus implacables vengeances, je

dénoncerois hautement vos trahisons , prêt à
subir vos interrogatoires auxquels j'ai déjà su
répondre et à rentrer dans vos prisons qui ne
me sont point inconnues. Mais je vous le dirai
franchement, et je continue de m'adresser plus
particulièrement à ceux qui sont chargés de l'administration intérieure de la France, quels que
puissent être votre zèle et votre dévouement
pour le service de notre excellent monarque, il
ne semble pas que vous ayez ni dans votre situation ni peut-être dans votre caractère ce qui
seroit propre à rendre vos services aussi efficaces
que l'exigeroient les graves circonstances où la
Providence a voulu le placer. J'avois pensé d'a-
bord à employer ici quelques artifices du langage pour vous présenter avec le plus de ména-
gement possible de fâcheuses et choquantes vérités ; mais comme le résultat de mes tours
oratoires seroit toujours de vous contraindre
d'avouer que vous avez servi la Révolution à
peu près dans toutes ses époques, trouvez bon
que, laissant ici de côté ces vaines ressources
d'une rhétorique insidieuse, je tire sur le champ
de cet aveu nécessaire une conséquence dont il
vous seroit difficile sans doute de contester la
justesse : c'est qu'à moins d'un miracle, il est
impossible que les habitudes de vingt-cinq ans,

espace si long dans la vie humaine, ne vous aient laissé quelques préjugés nuisibles, n'aient fait naître en vous quelques-unes de ces affections qu'on ne peut plus vaincre, et comme il faut croire à la sincérité d'un retour qui vous a mérité du Roi des preuves si éclatantes d'une confiance sans bornes, que vous n'éprouviez aussi quelque remords de vos fautes passées (vous le voyez, j'adoucis autant que je le puis mes expressions) et quelques-unes des craintes inséparables de ses remords. Vous avez long-temps haï et persécuté tout ce qui paroissoit attaché à la cause que vous servez aujourd'hui ; vous avez été long-temps unis d'amitié, d'intérêt à ceux qui l'ont toujours détestée et qui viennent tout récemment de la trahir. Des travaux dont vous partagiez avec eux la continuelle activité, des périls sans cesse renaissans et qui vous furent communs, ont cimenté ces rapports, et je ne vous dissimulerai point que je vous croirois des cœurs tout-à-fait endurcis, si de tels rapports n'avoient pas laissé en vous quelques-unes de ces impressions qui, troublant le jugement de l'homme et attestant sa foiblesse naturelle, prouvent du moins qu'il est accessible à la pitié, à l'humanité, sentimens qu'il ne peut perdre que dans une dégradation sans ressource de ses plus nobles facultés. Il est donc difficile que, forçant ainsi la nature, vous puissiez à l'instant même haïr sans mesure ce que vous avez aimé, et aimer à un degré suffisant ce que vous avez si profondément haï. L'hésitation de votre âme entre des sentimens si opposés et que vous essayez vainement de combattre, se communique à votre esprit, en obscurcit les lumières ; et vous retrouvant ainsi dans des embarras qui sont absolument les mêmes que ceux qui, l'an passé, amenèrent la perte du Gouvernement, vous retombez, *malgré vous* et comme incapables de profiter de la plus terrible des expériences, dans les fausses routes que s'étoient ouvertes *à dessein* les chefs de l'ancien parti. Hommes d'état tant vantés, et qui, dans d'autres temps, montrâtes effectivement une habileté qu'il nous est difficile d'oublier, votre génie ne peut-il donc concevoir, pour sauver la France, d'autres plans que ceux qui, tout à l'heure, ont manqué de la perdre à jamais? Quoi! vous proposez des conciliations démontrées impossibles ! Vous provoquez encore une indulgence qui nous fut si fatale ! Vous renouvellez contre les serviteurs du Roi d'anciennes objections aussi absurdes qu'outrageantes !.... Fidèles Ministres du Roi, tout bon Français doit faire ses efforts pour vous empêcher de courir à votre perte et à la nôtre,

La France, si, dans le tableau que j'ai présenté de la Révolution entière, je n'ai rien dit contre la vérité (et je crois avoir été au-dessous de la vérité), la France se divise aujourd'hui en deux partis sans doute très-opposés, les victimes et les bourreaux. Dans la plus petite bourgade, tout ce qui avoit un rang, de l'éducation, de la fortune, tout ce qui avoit conservé quelque sentiment de probité, d'humanité, quelques idées d'une justice divine et de la différence qui existe entre le bien et le mal, a été opprimé, dépouillé, assassiné : j'ai dit mille fois ce qu'étoient les assassins et les oppresseurs. Et l'on conçoit le projet de réunir des élémens aussi opposés entre eux que le ciel et la terre ! Et ce projet, on prétend l'exécuter au moment même où nous sortons d'une crise qui vient de faire éclater l'endurcissement, la férocité incurable des uns, en redoublant la haine, l'horreur et le mépris des autres ! Qu'on ne l'espère pas ; il y a de la folie à l'espérer. En l'essayant on ne réussira qu'à faire de la France entière une effroyable arène, où, les choses restant dans cette fatale indécision, il n'y aura ni paix ni trève que l'un des deux partis n'ait été abattu. Le peuple est au milieu d'eux, ce peuple qui, comme l'a dit un homme auquel

il étoit bien connu (1), « ne respecte que la
» force, n'a de confiance qu'en elle, et dans
» les révolutions s'attache toujours au parti
» qui en montre le plus. » On a vu quels pièges
grossiers lui ont été tendus depuis un an; avec
quelle stupide facilité il s'y est laissé engager,
ne reconnoissant le danger qu'au moment où il n'y
avoit plus aucun moyen de l'éviter. Pense-t-on
que l'expérience l'ait fort éclairé, qu'il soit
maintenant en garde contre ses ennemis et inac-
cessible à toutes leurs séductions? Qu'on sache
que ceux-ci, s'ils continuent de conserver le
pouvoir, ne conçoivent à ce sujet aucune espèce
d'inquiétude : personne ne connoît mieux qu'eux
l'éternelle enfance de ce peuple dont ils se sont
établis les hypocrites défenseurs; on ne l'a jamais dirigé avec un art plus détestable, et jamais
on n'en a plus cruellement abusé. Ce peuple est
en quelque sorte devenu leur patrimoine, et
dans le vague d'opinions et de pensées où ils
ont su le plonger, ils peuvent encore l'égarer,
l'agiter à leur gré, le conduire où ils voudront.
Qu'on l'arrache de ces mains barbares ; qu'on le

---

(1) M. Bertrand de Molleville, *Histoire de la Révolution française*, tome 6, page 134.

confie à ceux qui peuvent seuls le ramener à l'ordre, à la morale, aux sentimens religieux qui en sont la source et la récompense : hélas ! ce peuple malheureux n'a besoin que de repos ; tout l'y invite, et le sentiment profond de ses longues calamités et les ressources incomparables qu'offre le beau pays qu'il habite à son commerce et à son industrie (1) ; on le verra alors changer comme par une sorte d'enchantement ; j'ose assurer que ses qualités naturelles, si long-temps obscurcies, sont loin d'être éteintes ; il a encore en lui le germe de ces vertus douces et généreuses qui le plaçoient au premier rang des peuples de l'Europe, qui firent autrefois de la France, la source et le modèle de toute civilisa-

---

(1) « La bonté des terres d'un pays y établit naturellement la dépendance. Les gens de la campagne, qui y font la principale partie du peuple, ne sont pas si jaloux de leur liberté ; ils sont trop occupés et trop pleins de leurs affaires particulières. Une campagne qui regorge de biens, craint le pillage, elle craint une armée. « Qu'est-
» ce qui forme le bon parti, dit Cicéron à Atticus ? se-
» ront-ce les gens de commerce et de la campagne, à
» moins que nous n'imaginions qu'ils sont opposés à la
» monarchie, eux à qui tous les gouvernemens sont
» égaux, *dès qu'ils sont tranquilles.* » Montesq., *Esprit des Lois*, liv. XVIII, chap. 1er.

tion ; et le voyant ainsi remonter rapidement au point d'où il étoit descendu, on en sentira davantage l'indignité de ceux qui , l'ayant fait tomber si bas , voudroient pour satisfaire leur lâche cupidité, leur insatiable soif du pouvoir, le retenir à jamais au fond de ces abîmes. Encore un coup, il faut qu'en ceci la révolution soit complète ; on ne peut le sauver qu'à ce prix ; il n'y a sur ce point, dans la France entière, qu'un cri, qu'un sentiment, qu'une volonté, et la différence est ici du crime à la vertu.

Que répondent à ces vives attaques ceux qui tiennent, ou par intérêt ou par préventions, à ce système destructeur et scandaleux de l'inamovibilité des autorités administratives? Ne pouvant justifier les hommes qui les composent, ils calomnient ceux que, de toutes parts, on désigne pour les remplacer. L'*incapacité* des royalistes (2) est devenue en quelque sorte un des arti-

---

(1) J'étends encore ici la signification du mot *royaliste*, dont on prétend avec tant de perfidie restreindre l'application au très-petit nombre de nos plus illustres exilés. Tout homme qui a de la probité, de l'honneur, de la religion, qui sait garder la foi des sermens, qui n'a point dépouillé la veuve et l'orphelin, et qui en raison de sa conduite a été négligé ou persécuté, depuis vingt-cinq

cles de foi de leurs sectaires, et l'on voit ce préjugé absurde se répandre même parmi les personnes qui seroient le plus intéressées à le combattre et à le repousser. O vous! politiques profonds et universels, qui, après vous être occupés sans relâche à tout détruire pendant vingt-cinq ans, vous présentez aujourd'hui avec tant d'assurance pour tout réparer, ne nous accorderez-vous pas, quoi qu'il puisse vous en coûter, que la révolution entière est un tissu d'extravagances et de cruautés; que, sous ce double rapport, l'histoire n'offre aucune de ses époques, même les plus désastreuses, qu'on ôse lui comparer? Cependant ces royalistes que poursuivent vos dédains affectés, ont-ils fait autre chose que combattre, détester, couvrir de tous les opprobres qu'elle méritoit cette même révolution, faisant ainsi preuve d'honnêteté et de bon sens, tandis que votre conduite n'offroit à tous les yeux que folie

----

ans, est propre à servir le Roi et peut être considéré comme *royaliste*. La France, grâce au ciel, renferme encore de ces dignes citoyens plus qu'il n'en faut pour occuper toutes les places de l'Etat avec intelligence, activité, fidélité. Qu'on dise un mot, et j'ose assurer qu'ils seront à l'instant désignés de toutes parts : *Mais ce mot n'est pas dit !........*

et méchanceté ? Ils reparoissent avec leurs principes, leurs sentimens d'honneur, un caractère éprouvé par de longs malheurs, une expérience qui doit leur avoir profité au moins autant qu'à vous : et ne pouvant leur refuser ces qualités qui, de tout temps, furent considérées comme les plus essentielles dans ceux qui sont appelés à gouverner les hommes, vous ne craignez pas de leur opposer les opinions erronées du siècle avec lesquelles ces généreux Français ne sont plus effectivement en rapport, comme s'il s'agissoit de se laisser entraîner à ces opinions funestes et non pas de les réformer. Vous allez plus loin : vous osez porter en compte le travail *matériel* de l'administration, et en exagérant à plaisir les difficultés, vous essayez de persuader que tout est perdu si l'on se hasarde de le confier à ces mains inhabiles ! Répondez : lorsque Buonaparte prenoit au hasard dans son antichambre un de ses valets tout chargé d'oripeau, dans l'armée, quelque officier mutilé qu'il lui plaisoit de protéger, au milieu de Paris, quelque plat écrivassier qui faisoit à ses gages du panégyrique ou de la politique, et qu'il donnoit à de tels personnages des Préfectures, des Directions générales, des divisions même dans les Ministères, l'Administration fut-elle bouleversée ? Les fautes que put d'abord

leur faire commettre un moment d'inexpérience
ont-elles même mérité d'être remarquées ? et ri-
valisant bientôt, pour servir leur digne maître,
de zèle et d'activité avec ses plus expérimentés
serviteurs, n'ont-ils pas justifié, presque sans
exception, ce principe qui, dans de tels choix,
fut sa règle à jamais invariable : *que le plus dévoué
étoit toujours le plus habile ?* Que seroit-ce, si,
descendant dans les dégrés subalternes de l'administration, j'exposois au grand jour les vils coquins
dont elles sont en quelque sorte infestées, la plû-
part sortis des dernières classes de la société, en
ayant toute l'ignorance, toute la grossièreté,
abrutis par tous les vices, mais prêts à tout et
par conséquent jugés propres à tout ? Ainsi
tombent d'elles-mêmes vos objections, contre
lesquelles vous n'attendez pas sans doute que
j'élève une réfutation plus sérieuse. Cependant
il est impossible d'en disconvenir : dans l'année
mémorable qui vient de s'écouler, dès qu'une
partie quelconque de l'administration tomboit
entre les mains d'un royaliste, tous les ressorts
sembloient s'en détraquer ; quelles que fussent sa
vigilance et son activité, le désordre, la lenteur,
les fausses mesures en altéroient l'ensemble, en
dérangeoient la marche ; et comme le disoit naï-
vement un ministre dont les bévues prodigieuses

vivront éternellement dans l'histoire : *il n'y avoit que les anciens Préfets qui allassent bien.* Politiques ministériels, triompherez-vous de cet aveu? J'en retournerai les conséquences contre vous-mêmes, et j'en fortifierai tous mes raisonnèmens.

Oui, sans doute, les royalistes *alloient mal*, et dans une position aussi fausse, aussi périlleuse que celle où un système insensé les avoit placés, le génie des Richelieu, des Ximenès, des Mazarin se seroit également trouvé sans puissance et sans ressources. Quel moyen d'agir dans une opéra-tion dont les effets dépendent du concours d'un grand nombre d'hommes, lorsqu'au moment où vous paroissez à la tête des travaux, tous les rapports qui devoient vous unir avec vos coopéra-teurs, cessant par un perfide et secret accord, vous ne trouvez que des ennemis continuellement occupés à vous contrarier et à vous nuire, dans ceux-là même que vous considériez comme vos appuis et vos auxiliaires? Pour donner à ce que j'avance ici la force d'une démonstration, est-il nécessaire que je retrace l'organisation mons-trueuse de ce que j'ai appelé la *franc-maçonnerie* révolutionnaire? Dirai-je de nouveau la marche que ses chefs ont suivie, les manœuvres qu'ils ont employées, le concert qu'ils ont trouvé par tout? Je ne le redirai point, je ne chercherai point à m'appuyer de preuves nouvelles : celles que j'ai données suffisent ; elles auront frappé tous les esprits, parce que d'avance tous les esprits étoient convaincus. Vous-mêmes, Ministres du Roi, considérez votre position et frémissez : vous eûtes autrefois une grande puissance et vous parûtes déployer une grande habileté, parce qu'alors, placés parmi les chefs de ce *Grand-Orient*, vous travailliez franchement au grand œuvre, forts de la confiance et de l'accord unanime de tous les initiés. Aujourd'hui que vous vous présentez avec ce plan bizarre de flotter entre tous les partis, d'essayer de les rattacher au Roi en les balançant l'un par l'autre, et de gouverner la monarchie dans ce périlleux équilibre, apprenez que, sans arriver à satisfaire les Français fidèles qui connoissent les dangers affreux d'une semblable composition, vous vous aliénez à jamais l'esprit des révolutionnaires à qui de simples ménagemens ne peuvent suffire, parce qu'ils sont aujourd'hui, comme de tout temps, résolus à ne rien ménager, et que c'est une nécessité absolue d'être leur complice ou leur ennemi. Ce reste de foiblesse affectueuse que vous leur conservez, tournera contre vous ; ils dédaigneront des chefs qui prétendent les protéger et non pas conspirer avec eux ; et en effet, dès que le pouvoir *légitime* paroît, il n'y a de ressources pour ces monstres que dans les conspirations. Il n'est pas impossible encore de les abattre; mais qu'on n'espère pas les séduire : ils échapperont toujours à l'imprudent qui aura formé le vain projet de les conduire vers un but où ils pensent trouver tôt ou tard leur perte inévitable. Déjà même ils vous échappent : oui, tous ces fils qui les unissent et dont vous teniez le faisceau dangereux vont secrètement passer dans des mains plus dévouées. Servez-vous le Roi sans réserve? vous devenez pour eux des *royalistes*, et traités bientôt aussi dédaigneusement que ceux-ci, votre étonnement sera grand de vous trouver pour la première fois des administrateurs sans force, sans expérience, sans habileté. Que dis-je? déjà vous n'êtes plus rien pour eux, et la route dans laquelle ils marchent n'est plus la vôtre. Les scènes criminelles et dégoûtantes du jardin des Tuileries, si insolemment renouvellées et si long-temps impunies; l'audace sans exemple d'un petit nombre de proscrits, dont plusieurs ont été vus se promenant dans Paris, au moment même où le glaive de la justice venoit d'être suspendu sur leur tête; la fureur anarchique des journaux dits de l'*Opposition*, plus virulente peut-être qu'avant la conquête; la fermentation sourde qui vient d'agiter Paris, tout a prouvé, dès les premiers jours, que

vous ne teniez plus d'une main si ferme le gouver-
nail de l'Etat ; et lorsque le cri public a paru vous
réveiller enfin de cet assoupissement , les mesures que vous avez prises, les seules apparem-
ment qu'il vous fût possible de prendre , par
les efforts même que vous avez paru faire
pour leur donner l'apparence de la force (1),
ont prouvé cette foiblesse réelle où vous êtes
tombés , suite nécessaire du défaut d'harmonie
entre celui qui commande et ceux qui doivent
obéir. Oui , je le répète, déjà l'on conspire ;
déjà, grâce à vos aveugles et funestes préjugés,
tous ces élémens du mal que vous vous obstinez
à conserver en variant seulement leurs combinaisons, échappent à votre surveillance, se réu-

---

(1) Il faut faire cesser les cris de *vive l'Empereur :* Hé
bien, on fermera les grilles du jardin, et ces cris cesse-
ront avec ce léger inconvénient qu'on ne pourra plus crier
vive le Roi ! Des journalistes révolutionnaires abusent
de la liberté qu'on leur accorde de délirer : au lieu de
les poursuivre aux termes de la loi, on les fera taire en
la violant; et ce sera un prétexte pour mettre en même
temps un baillon à la bouche de ceux qui défendent de
toutes leurs forces la cause Royale. Ils ne diront plus
que ce qui plaira aux ministres, et alors tout ce que ceux-
ci feront sera bien fait. C'est comme dans le *bon temps,*
et il faut assurément une grande force de génie pour
avoir su trouver ces grandes mesures.

nissent, se coordonnent, et disposent déjà les scènes d'une tragédie nouvelle dont le dénouement doit être, comme à l'ordinaire, un changement de dynastie ; car l'imagination de ces grands faiseurs ne va point au-delà de cette conception, et à leurs yeux, il n'existe pour ce trône dont ils se regardent comme les suprêmes dispensateurs d'autre titre d'exclusion que le droit légitime qu'on peut avoir d'y monter. Comment d'aussi hardis desseins pourront-ils s'exécuter ? Quels seront les chefs, les moyens, les résultats de cette périlleuse entreprise ? Les chefs, je les ignore ; je crois que le parti n'aura que l'embarras du choix, et comme ce n'est jamais par la lenteur qu'il a manqué le but qu'il vouloit atteindre, je ne doute pas qu'il ne les ait déjà choisis. Les résultats, grâce au ciel, ne sont encore que probables ; quant aux moyens, je crois les entrevoir et peut-être ne me sera-t-il pas impossible de les expliquer.

Le vulgaire, et ce vulgaire imbécile est plus nombreux qu'on ne pense, en est encore à se rendre raison du motif de ces cris exécrables répétés avec tant d'obstination dans le jardin des Tuileries, et de l'agitation réelle ou factice qu'on a su produire pendant plusieurs jours dans le peuple de Paris. Ces cris et cette agitation avoient pour motif de commencer à jeter quelques incertitudes dans l'esprit des Alliés, et contrariant ainsi toutes les idées qu'ils avoient pu adopter avant leur entrée à Paris, de les préparer à recevoir cette opinion que le Roi est loin de retrouver, à son retour parmi nous, les vœux unanimes qui l'avoient accompagné lors de son funeste départ, que par conséquent le peuple Français doit être considéré et traité comme le plus ingrat et le plus incorrigible de tous les peuples. Tandis qu'on essaie ainsi de leur inspirer pour nous de la haine et du mépris, ils deviennent eux-mêmes, par les suites inévitables de leur séjour au milieu de nos provinces, le moyen principal dont on se sert pour aigrir ce peuple contre son Roi, qui déjà lui est secrétement présenté comme l'instigateur de tout ce qu'on lui fait éprouver, comme s'étant lié avec toutes les puissances dans le cruel dessein de le dépouiller, de l'accabler, afin d'exercer sur lui une plus facile domination. Si l'on considère ensuite que les journaux du parti ont osé plus d'une fois élever des plaintes insolentes contre les Alliés et compromettre Louis XVIII lui-même dans ces plaintes; qu'un moment, l'armée d'outre-Loire, supposant une espèce d'accord entre elle et la noble armée des Vendéens, feignoit, au moyen de cet accord simulé, d'agir par des ordres secrets du Roi, ordres contraires à tous les traités, ne reconnoîtra-t-on pas dans cette triple complication de ruses et de calomnies, le projet non-seulement de faire naître des haines réciproques entre les Français et les Etrangers, mais encore d'exciter dans ceux-ci à l'égard de notre Souverain des ressentimens qu'on espère pouvoir entretenir et dont on saura tirer parti quand il en sera temps ?

Ces précautions prises à l'égard de ces redoutables alliés, et le peuple étant ainsi déjà préparé, les *frères*-administrateurs, dans tous les degrés de l'administration, avec leurs conseils, assesseurs, etc., seront chargés de continuer à le travailler sourdement, s'engageant de le mettre, par les mêmes absurdes mensonges, par les mêmes vexations perfides que l'an passé (1), en telle

---

(1) Ceci regardera spécialement les percepteurs de contributions qui, dans l'échelle de l'association révolutionnaire, se trouvent placés aux derniers degrés et immédiatement en point de contact avec le peuple des villes et des campagnes. C'est dans cette partie de l'administration que se trouvent, en plus grand nombre, les révolutionnaires de la plus vile espèce ; ils furent les agens les plus actifs, et sans doute les plus dangereux, de la première conspiration ; et je ne pense pas que jusqu'à présent un seul de ces misérables ait encore été destitué.

disposition qui sera nécessaire pour obtenir, sinon son secours, du moins sa profonde indifférence lorsque le moment sera venu de frapper les grands coups; et l'on a déjà remarqué, dans Paris même, que le système de calomnies depuis long-temps mis en œuvre contre la famille royale y reprend sa première activité, et les exceptions sont, à l'ordinaire, uniquement pour le Roi (1). Cependant on s'agite dans les colléges électoraux avec une activité et des intrigues qui surpassent

---

(1) C'est une chose qui tient du prodige que la puissance de l'espionnage et l'empire qu'il exerce sur l'opinion publique depuis les salons du faubourg St.-Germain jusqu'aux cabarets du faubourg St.-Marceau. Avec des agens de police bien endoctrinés, on pourroit prendre au hasard tel homme, dont le nom seul est capable de faire tressaillir, et persuader à des milliers d'individus qu'il appartient à cet homme seul de pouvoir, en ce moment de crise, régler et sauver l'État. Qu'on ne s'étonne donc point de rencontrer des gens qui vous répètent en écho que nos Princes manquent de franchise, de loyauté, d'amour pour la France, et surtout de *courage*; qui vous soutiennent sérieusement que MADAME, cet ange de vertus dont on peut dire que la terre n'est pas digne, a de l'*orgueil* et non de la dignité, etc., etc., trouvant mauvais que la fille, la sœur et la nièce des Rois n'offre pas, dans son maintien et dans son langage, l'indécence apprêtée et l'impertinence triviale de la princesse Borghèse ou de madame Murat.

tout ce qu'on avoit pu voir jusqu'à présent, et jamais les révolutionnaires ne montrèrent tant d'ardeur pour obtenir dans la Chambre des Députés une majorité dont ils n'eurent jamais un aussi grand besoin. En même temps l'armée s'organise avec les mêmes préjugés funestes qui dirigent toutes les opérations ministérielles, et quelles que puissent être les précautions que l'on cherche à prendre pour la diviser, la dénaturer, en modifier l'ancien caractère, toutes ces précautions prises sur le papier n'empêcheront pas, vu sa nombreuse composition, qu'on n'y fasse nécessairement rentrer une grande partie de ces traîtres qui, dans ce moment même, répandus depuis la Garonne jusqu'à la Loire, blasphêment le nom sacré du Roi, mêlent la menace à l'outrage, prédisent hautement la chute de son trône, en fixent même la durée, et ne se rendront dans leurs cantonnemens que pour attendre le signal de nouvelles trahisons. C'est dans cette armée surtout que les associations secrètes, plus actives que partout ailleurs, fortifient les liens déjà formés par l'intérêt et les passions. Leur union triomphera de tous les obstacles que le système d'organisation militaire le mieux combiné pourra leur opposer, et suivant une expression de l'Histoire Sainte, avant peu, ils pourront se mettre en mouvement *comme un seul homme*, dès que les chefs auront parlé. Déjà des témoignages dignes de foi et donnés par des témoins oculaires, font savoir que des officiers de cette funeste armée se rendent en grand nombre à Paris, sous des noms supposés, avec des passeports indiquant diverses professions fort différentes de la leur, passeports qu'ils obtiennent sans difficulté dans une foule de municipalités où l'ordre secret est sans doute déjà donné de protéger leur voyage. Grâce à ces précautions, échappant à l'œil de la police et peut-être même, en dépit de son chef, protégés par ses agens subalternes, ils pourront, placés au centre de tous les mouvemens, correspondre simultanément avec tous les corps, et peut-être rattacher les fils de l'association fraternelle jusque dans la maison du Roi, qui est menacée de perdre toutes les garanties qu'offroit son ancienne composition.

Encore quelques mois, et la France abandonnée à elle-même, moins considérée des alliés qui, d'ailleurs, croyant n'avoir plus le même sujet de la craindre, croiront aussi n'avoir plus le même intérêt à la sauver, et seroient sans doute dans l'impossibilité d'y mettre le même accord, la France, dis-je, est menacée de se trouver dans une situation, sous tous les rapports, peu différente de celle où elle étoit placée au 1ᵉʳ. mars de cette même année.

Sans doute ce ne sera pas pour faire revenir Buonaparte de Sainte-Hélène, me répondront ces intrépides optimistes qui veulent à toute force conserver le doux repos de leur âme pour l'intérêt de leur santé, et qui ont décidé de ne rien croire que ce qui leur permet de digérer à l'aise, et de dormir profondément. Non, sans doute, et je dirai plus : Buonaparte s'échapperoit par un miracle des mains puissantes qui le retiennent, il reparoîtroit tout à coup même au milieu de l'armée d'outre-Loire, qu'il n'y trouveroit peut-être pas un partisan. Il a été décidé depuis long-temps dans le grand conseil révolutionnaire qu'il n'étoit plus possible de tirer aucun parti de ce fou enragé auquel on avoit confié des pouvoirs au-delà de ses moyens, et dont les extravagances ont si cruellement compromis le salut de la chose publique. On va plus loin : puisque la circonstance est telle qu'on ne peut se défendre d'accorder quelques victimes au parti opposé, on verra, sans beaucoup de regret, sacrifier ceux d'entre les frères qui se sont faits uniquement *Buonapartistes*, parce que c'est une faute grave, en principes de révolution, de s'attacher à un seul homme, et que le but étant de détruire par tous moyens la *légitimité* du pouvoir, tout usurpateur qui aura les qualités suffisantes et qui voudra courir les chances de l'usurpation, devient alors nécessairement le héros du parti. Je réponds ainsi d'avance à l'objection qu'on se préparoit sans doute à me faire : que les *Buonapartistes* viennent d'être exclus avec le plus grand soin des premières places de l'administration civile. Oui, sans doute, je n'y retrouve plus qu'un très-petit nombre des partisans frénétiques de cet odieux charlatan ; mais est-il possible d'être entièrement rassuré en parcourant la liste des choix que nous devons à l'imprudente précipitation des Ministres ? Si je considère avec soin ces magistrats nouveaux, je vois dans la plupart d'entre eux les instrumens les plus propres à l'exécution de toute grande manœuvre que les chefs de *l'ordre* auroient conçue et qu'ils voudroient mener à une bonne fin. Là reparoissent en grand nombre ces révolutionnaires systématiques que l'on pourroit appeler les *modérés* de la révolution, espèce de philosophes impassibles au milieu de tant de bouleversemens successifs, qui, dans leur scepticisme politique, considérant l'état comme une abstraction métaphysique, le gouvernement comme une machine destinée à marcher sans relâche, quel que soit l'ouvrier qui

la monte, se sont détachés de tout, excepté de
leurs places, les ayant exercées dans tous les temps
avec le même sang-froid, soit qu'ils fussent affu-
blés de bonnets rouges, soit qu'ils eussent des cordons et des habits brodés, personnages jusqu'à
présent honorés et caressés par tous les partis,
parce qu'ils sont là toujours prêts à faire la be-
sogne de celui qui triomphe, et que, selon l'heureuse et naïve expression du député Dumolard,
dussent-ils *ne pas bien mériter du roi*, ils s'ar-
rangeront toujours de manière *à bien mériter du
royaume*. Ces gens-là n'examineront jamais quel
est le parti le plus juste, mais quel est le parti le
plus fort. Ils ont servi la république, le direc-
toire, Buonaparte dans toutes ses phases,
Louis XVIII : s'il leur est démontré qu'il existe un
cinquième parti auquel il est plus avantageux de
s'attacher, ils s'y attacheront à l'instant même,
dût-il ne pas être le dernier ; et le drapeau blanc
sera mis par eux en réserve à côté du drapeau
tricolore pour faire place à d'autres couleurs,
que l'un ou l'autre peut-être doit quelque jour
encore remplacer ; vils caméléons que l'on doit
détester comme notre plus dangereux fléau, à
cause de l'art funeste qu'ils ont de conserver une
apparence d'ordre au milieu de tous les dé-
sordres, et d'empêcher constamment le bon

parti de prendre le dessus , en sauvant à la fac-
tion qui vient de triómpher les embarras insur-
montables d'un changement d'organisation.

Tout étant donc entre les mains des révolutionnaires , l'armée ainsi que l'administration ,
et tout s'organisant dans l'ombre la plus profonde, un calme factice renaîtra par degrés ; les
sermens, les protestations, un zèle ardent pour
le service du Roi, des effusions de tendresse
qui , au besoin , pourront être accompagnées
de cris et de larmes, une apparence même de
sévérité envers quelques frères auxquels seront
destinés les rôles de *victimes*, et qui se sentiront
assez de grandeur d'âme pour supporter pendant quelques mois les destitutions, l'exil et
même la prison, tout semblera annoncer le retour de l'ordre et l'oubli des vengeances; des
journaux complaisans s'extasieront sur la belle
conduite d'un *digne* préfet, d'un *digne* général ,
sur le *bon esprit* et la *discipline* de la brave armée, etc., etc. On admirera comment l'accord
le plus parfait s'est rétabli au milieu de nous sans
la moindre *réaction*, et l'on ne trouvera point
d'expressions assez fortes pour célébrer l'heureuse *fraternité* qu'un gouvernement *sage* vient
de cimenter avec tant d'habileté entre les loups et
les brebis, « Nous revenons bien certainement aux

» jours de Saturne et de Rhée, s'écriera-t-on
» de toutes parts ; le but des alliés est rempli ; ils
» n'ont rien de mieux à faire que de nous aban-
» donner à nous-mêmes. » Si une juste méfiance
et l'attachement sincère que leur inspire les vertus
du Roi, les déterminent à ne suivre que *par-
tiellement* un conseil aussi désintéressé, on con-
tinuera de patienter, de dissimuler, en continuant toujours à fortifier toutes les parties du
gouvernement secret, à simplifier les moyens
de communication, à donner plus d'unité à tous
les mouvemens. Enfin, tous les dangers ont dis-
paru, et le moment fatal est arrivé : qu'oppo-
serez-vous alors, Ministres du Roi, à ce colosse
de puissance ? Les menaces, les décrets de pro-
scription, les protestations d'une assemblée déli-
bérante. Les frères et amis se riront de ses protestations, de ses menaces, et casseront ses décrets, suivant leurs us et coutumes, avec quelques escadrons de cavalerie ; et tel est le profond
mépris que leur inspirent de telles assemblées
lorsqu'elles se composent d'honnêtes gens, qu'a-
près en avoir chassé les membres, ils ne daigne-
ront pas même les proscrire à leur tour. Si au
contraire les factieux y dominent, la marche
changera ; on pourra trouver plus avantageux
de procéder dans les formes ; et le trône qu'on

s'apprêtoit à renverser à coups de canon, pourroit bien s'écrouler sans bruit au moyen d'un amendement nouveau ajouté aux amendemens divers que déjà l'on se propose de faire à la Charte constitutionnelle.

Eternels artisans de nos maux ! vous vous trouverez alors dans de nouveaux abîmes ; car, habiles et hardis comme vous l'êtes pour détruire, tout votre génie vous abandonne lorsqu'il s'agit d'édifier. Convaincus enfin malgré vous, par tant d'expériences cruelles répétées avec tant d'obstination, qu'il faut un chef unique à un grand État, et comme je l'ai déjà dit, que dans les sociétés modernes, une haute naissance est, pour un gouvernement monarchique, la seule garantie de sa stabilité, peut-être votre audace criminelle cherche-t-elle déjà dans l'Europe et conçoit-elle l'espérance d'y trouver parmi ceux que leur destinée a placés près du trône, une âme assez follement ambitieuse pour échanger le repos et le bonheur de cette situation honorable et brillante contre un trône désormais sans honneur, sans prestiges, où l'on ne pourroit monter qu'en protégeant vos crimes et en partageant vos dangers. Vous serez repoussés, malheureux ! Sans parler de ce qu'un rang auguste doit naturellement inspirer de sentimens généreux, soyez assurés que vous ne rencontrerez plus un prince assez dupe pour se faire l'instrument de votre sûreté aux dépens de la sienne ; car, qui ne sait maintenant que pour un chef, quel qu'il soit, qui se seroit condamné lui-même à régner sur des révolutionnaires, il y aura nécessité absolue d'être leur esclave, s'il n'a pas ce qu'il faut pour devenir leur tyran, et qu'avec des lâches et des forcenés tels que vous, s'il n'a pris le parti de se baigner dans le sang, ce chef doit finir tôt ou tard par être traîné dans la boue. Vous n'aurez donc plus que la *République* pour dernier refuge ; et la ramenant encore au milieu de nous avec toutes ses horreurs anarchiques, vous périrez enfin par l'excès de vos propres fureurs : vous périrez abandonnés aux mains terribles de ce même peuple dont vous aurez ainsi achevé la punition, et que la Providence chargera alors du soin de vous punir.

Quel sera donc notre refuge au milieu de tant de maux qui nous accablent, et lorsque des malheurs plus grands encore nous sont déjà préparés ? Qui peut fermer l'oreille d'un père aux cris de ses enfans, ou plutôt quel bras invisible et perfide a pu arrêter son bras paternel, lorsqu'il s'apprêtoit à nous séparer de nos cruels ennemis, lorsqu'il alloit enchaîner enfin leur rage et dissiper à jamais leurs complots? Nobles Alliés, vous lasseriez-vous d'une générosité qui, en effet, peut être considérée comme le dernier effort de la vertu humaine? Vous laisseriez-vous entraîner encore aux séductions de ces traîtres; et recevant avec votre confiance accoutumée les impressions qu'il leur plaît de vous donner, deviendriez-vous une seconde fois et avec la même fatalité, les instrumens de leurs continuelles trahisons? Se pourroit-il que des intérêts partiels fissent naître au milieu de vous de funestes divisions, et que le grand intérêt qui a produit vos résolutions admirables, votre accord sans exemple, pût être oublié au profit appparent de quelques-uns, et en dernier résultat, au détriment de tous? Si l'on cherche à vous persuader que le peuple français est tellement dégradé par sa corruption, tellement obstiné dans ses erreurs, qu'il soit impossible de le jamais rétablir dans de solides relations avec les autres peuples de l'Europe, on vous trompe, et je crois vous avoir évidemment montré pourquoi et comment vous êtes ainsi trompés. Vous vous trompez vous-mêmes, si vous avez conçu la pensée (puisse le ciel l'éloigner à jamais de vous!) qu'un tel peuple ne pouvant être ramené par la douceur et la persuasion, il est nécessaire d'employer la violence, et de se procurer, par son entier épuisement, une garantie qu'on désespéreroit d'obtenir de la loyauté de son caractère. Je dois vous en avertir : La France est une terre favorisée du ciel, qui a voulu la faire, pour ainsi dire, inépuisable, et à laquelle quelques années de repos rendront son abondance et sa prospérité. Dans l'état actuel de l'Europe et du monde, on peut assurer qu'il n'est aucune force humaine qui puisse empêcher vingt-cinq millions d'individus, unis par la même langue, par les mêmes lois, par les mêmes mœurs, par des habitudes dont l'origine se perd dans la nuit des temps, favorisés d'ailleurs par la disposition heureuse et compacte du territoire qu'ils habitent, d'exister en corps de nation, et d'exercer sur les peuples qui les environnent une influence dangereuse ou salutaire, suivant les circonstances où l'honneur, l'intérêt, les passions les auront placés. On a prétendu que cette nation étoit la seule dont les mœurs pouvoient se corrompre, sans que son courage en fût altéré (1) : je ne ferai point pour elle de ce don précieux un privilége exclusif, injurieux pour les autres nations ; mais du moins est-il incontestable qu'elle est restée courageuse

____

(1) Duclos, Consid. sur les Mœurs, chap. Ier.

au sein d'une corruption très-profonde , et qu'il y aura toujours du danger à allumer ses ressentimens, de l'imprudence à les dédaigner. Puisque l'Europe ne peut l'empêcher d'exister , l'Europe ne doit avoir maintenant qu'une pensée , c'est de chercher les moyens d'exister avec elle. Formeroit-on le projet de l'affoiblir par un démembrement , et se trouvera-t-il quelque souverain qui veuille courir le risque de s'agrandir de quelques – unes de ses provinces ? A moins que l'Europe entière ne s'engage à demeurer continuellement en armes pour protéger cette injuste spoliation, on n'y peut voir que le germe d'une guerre nouvelle et prochaine ; et cette guerre, qui n'en prédiroit d'avance l'inévitable issue ? Espéreroit-on la comprimer en s'emparant de ses places fortes, et en l'entourant ainsi d'une barrière de canons et de soldats étrangers ? De tels moyens pouvoient avoir de l'efficacité dans un temps où les armées françaises se renouveloient par les recrutemens et par le tirage à la milice ; mais ils peuvent sembler insuffisans à l'égard d'un peuple chez qui, depuis quinze ans, on lève à volonté trois ou quatre cent mille hommes, dans l'espace de cinq à six semaines , au moyen d'une simple ordonnance , de quelques estafettes et d'un avis aux municipalités.

Non, l'Europe ne peut rester dans cet état vio-
lent vis-à-vis de la France : ce n'est pas en l'humiliant, en la ruinant, en l'exaspérant, en l'aban-
donnant encore à ses tyrans et à ses corrupteurs,
qu'on la fera changer ; mais en aidant franchement son excellent monarque à remonter jusqu'au principe du mal qui la dévore, à employer
pour la guérir, non de vains palliatifs, dont l'effet seroit d'envenimer encore davantage une
plaie aussi invétérée ; mais ces remèdes héroï-
ques qui consument pour purifier, qui détrui-
sent pour régénérer ; en un mot, ce n'est qu'avec
de la probité, de l'honneur, de la religion, que
la France peut et doit offrir de satisfaisantes et
immuables garanties. Depuis plus de trois siècles
que s'est successivement formé et perfectionné
le système d'équilibre de l'Europe moderne,
que se sont établis les rapports compliqués qui
le composent, si la politique des cabinets
a pu se montrer impunément insidieuse, perfide, intéressée, souvent même en opposition
avec les lois de la probité la plus vulgaire, on
peut dire que la morale des peuples, établie
et consolidée par le ciel même, soutenoit la
société contre les atteintes que lui portoit sans
cesse l'esprit machiavélique des Cours ; cette
morale religieuse de ceux qui obéissent, perdue

maintenant en France, est sur le point de se perdre partout ; et c'en est fait de l'ordre social, si, par une heureuse et juste compensation, ceux qui gouvernent ne se montrent, à leur tour, justes, francs, généreux, pleins d'honneur et de religion. Encore un coup, les destinées de notre triste patrie sont invinciblement liées aux destinées de tout ce qui l'environne ; et le mauvais principe qu'on avoit d'abord si solennellement résolu d'y détruire, et que des vues fausses et personnelles pourroient seules déterminer à laisser fermenter dans son sein, si jamais il se soulevoit de nouveau, donneroit encore le spectacle des réactions les plus funestes et d'effroyables bouleversemens. Qui ne sait maintenant que l'association des philosophes-athées, réformateurs et réparateurs du genre humain, étend ses ramifications dangereuses dans toutes les parties du monde civilisé, et que partout, comme en France, elle aspire à s'emparer du pouvoir politique, établissant d'avance ses institutions et ses lois sur les débris des trônes et des autels ? La France, selon qu'elle sera monarchique ou révolutionnaire, peut seule faire avorter ou réussir cette immense conspiration contre tout ce qui est légitime et sacré ; et telle est, je le répète, son influence singulière, que d'elle seule dépend *sur le continent* l'esclavage ou la liberté, le bonheur ou le malheur des nations. Sans parler de la religion sans laquelle ne peut subsister aucune société, le bonheur et la liberté de ces nations reposent uniquement sur la légitimité du pouvoir, sur l'heureux droit de *primogéniture* et de *représentation dans les successions*, que ne connurent point les anciens; à qui, par conséquent, la monarchie légale et régulière, la véritable monarchie fut toujours inconnue (1); droit qui, rendant presque impossibles les usurpations et les guerres civiles que produisoit jadis la vacance du trône ou la foiblesse des princes, leur donnant ainsi une sécurité la plus grande possible, rendoit par cela même le gouvernement monarchique le plus modéré des gouvernemens. Leur malheur et l'esclavage dont ils sont menacés, le plus affreux peut-être auquel les hommes aient jamais été condamnés, prendra sa source, je ne craindrai point de le

---

(1) Telle qu'ils l'avoient, c'est-à-dire différant peu d'une véritable tyrannie, elle étoit encore regardée par leurs sages comme le plus parfait des gouvernemens. Ces sages, nés, la plupart, dans des républiques, trouvoient les gouvernemens populaires encore plus tyranniques et plus dangereux.

dire, dussé-je élever contre moi les clameurs et les huées de la foule immense de nos penseurs sublimes, prendra, dis-je, sa source dans la prétendue souveraineté du peuple, et dans ces prétendues idées libérales, nées des révolutions, et qui les enfantent à leur tour, toujours préconisées, sans avoir encore été définies, et dont le dernier et inévitable résultat sera de rendre toute-puissance tyrannique, en lui ôtant tout prestige et toute solidité. Augustes souverains, arbitres de la terre, mais qui devez à Dieu un compte sévère du bien et du mal que vous lui aurez fait, si j'ai dit la vérité, puissiez-vous m'écouter favorablement, et reconnoître que le salut de la France étant, dans cette grande circonstance, le salut même de l'Europe, le parti le plus généreux que vous aurez pris à son égard, deviendra en même temps pour vous le plus avantageux et le plus sûr !